Ginza Samba

First Edition
Primera edición: mayo 2014

© Robert Pinsky, 2014
© of translation | de la traducción:
Luis Alberto Ambroggio & Andrés Catalán, 2014
© of prologue | del prólogo: Luis Alberto Ambroggio
© of epilogue | del epílogo: Andrés Catalán

© Vaso Roto Ediciones, 2014
ESPAÑA
C/ Alcalá 85, 7º izda.
28009 Madrid
MÉXICO
Apartado Postal 443, Col. Del Valle
San Pedro Garza García, N. L., 66220

vasoroto@vasoroto.com
www.vasoroto.com

Designed by | diseño de colección: Josep Bagà
Cover engraving | Grabado de cubierta: Víctor Ramírez
Composition by | Preimpresión: Ángela Palos

Printed in the USA | Impreso en Estados Unidos
ISBN: 978-84-15168-86-7
BIC: DCF
Dep. legal: M-1838-2014

Robert Pinsky
Ginza Samba
Selected Poems | Poemas escogidos

Prologue and selection by | Prólogo y selección de
Luis Alberto Ambroggio

Translated by | Traducción de
Luis Alberto Ambroggio y Andrés Catalán

Epilogue by | Epílogo de
Andrés Catalán

Vaso Roto / Ediciones

GINZA SAMBA

Prólogo

La poesía en español de Robert Pinsky (Nueva Jersey, 1940) es a la vez un anhelo y una proeza. El proceso de reencarnar a un poeta en otra lengua, en otra cultura, implica la doble satisfacción de una aventura pasional y milagrosa. Al contrario de lo que afirma Robert Frost (quien dijo que poesía es lo que se pierde en la traducción), pienso que la poesía, al ser traducida, se reexpresa, se recrea, renace con un poder y un alcance nuevos. La presencia del poeta se enriquece y enriquece el imaginario de la humanidad con otros universos culturales de sonidos, palabras, emociones y verdades imaginativas más allá del conocimiento, la frialdad objetiva y las fronteras asfixiantes.

Esta introducción y publicación de *Ginza Samba. Poemas escogidos* de Robert Pinsky pretende llenar un vacío, ya que llama la atención que la originalísima obra de uno de los más destacados poetas-críticos de la literatura estadounidense contemporánea no exista aún en la lengua de Cervantes.

Resulta imposible abarcar toda la obra y la vida de Pinsky en pocas páginas, pero vale la pena aludir a la vastedad de sus logros, despertar la curiosidad y remitir al interesado a mayores profundizaciones. Al fin, más allá de estos apuntes, se cumplirá lo que sostiene Juan Gelman de que el poeta habla por lo que escribe.

Con el honor excepcional de haber sido elegido tres veces consecutivas (1997-2000) Poeta Laureado o Poeta Nacional de los Estados Unidos, Robert Pinsky utilizó su posición pública para

Prologue

Robert Pinsky (New Jersey, 1940) in Spanish is at once a fantastic desire and a human feat. The process of re-presenting any poet's words in another language and culture entails a dual venture, both passionate and miraculous in nature. Robert Frost said that poetry is what is lost in translation, but on the contrary, poetry can be recreated when translated; it may gain new life and expression, its potential and universal reach renewed. The presence of the poet, of his or her creation, can be heightened, thereby enriching the human imagination through other cultural universes of word, sound, and emotion, through imagined verities that transcend cold, objective knowledge and fixed frontiers.

This introduction and publication of *Ginza Samba. Selected Poems* of Robert Pinsky in Spanish seeks to fill a significant void, in that this most original work of one of the most distinguished poet-critics in the literature of the United States has not previously been available in the language of Cervantes.

It would be impossible to cover all of Pinsky's life and work in these pages, but it is worth alluding to his vast accomplishments, to awaken the reader's curiosity and orient the reader toward a deeper appreciation of that work. Beyond these reflections, Juan Gelman's dictum will be confirmed in this work—the poet's legacy is bespoken by the written word.

From 1997 to 2000, Robert Pinsky was afforded the rare honor of being selected Poet Laureate of the United States for three

promover la poesía, convencido de la importancia de este género en la cultura moderna y en la realización democrática (tema que desarrolla en su libro *Democracia, cultura y la voz de la poesía*, Princeton, 2002). Estas inquietudes a lo largo de su vida han motivado numerosas iniciativas, como su proyecto nacional sobre el *Poema favorito* y los volúmenes de antologías resultantes que ganaron mucha popularidad. Por nombrar algunos títulos: *Favorite Poems: The Favorite Poem Project Anthology* (editado con Maggie Dietz, 1999); *Poems to Read: A New Favorite Poem Project Anthology* (2002); *An Invitation to Poetry: A New Favorite Poem Project Anthology* (2004) y *Essential pleasures. A New Anthology of Poems to Read Aloud* (2009). Estas colecciones reflejan el convencimiento militante por dar a conocer la necesidad histórica de la poesía en la sociedad, con textos de ciudadanos que entonan la diversidad lírica, anímica, cultural y la apertura expresiva del país. Además, Pinsky ha trabajado maximizando el uso de la tecnología: fue director de la revista digital *Slate*; se presentó con Jim Lehrer en el programa televisivo *Los Simpsons*; creó el videojuego o la ficción interactiva *Mindwheel* (1984) y grabó el CD *PoemaJazz* (Circumstantial Productions, 2012). Dada esta labor extraordinaria, Joel Brouwer concluyó que «ningún otro poeta americano (probablemente ningún americano vivo) ha hecho tanto por establecer la poesía ante la mirada pública».

La vocación peculiar de Pinsky y su voz poética (que, según él mismo confiesa, no lo deja dormir; de hecho, cuenta que su esposa le quita la pluma a la noche porque mancha todas las almohadas) se ven plasmadas en los poemarios que ha publicado hasta la fecha. El primero, *Sadness and Happiness* (Princeton University Press, 1975), que los críticos han comparado a las obras de Rainer-Marie Rilke, James Wright y Robert Lowell, algo que hizo proclamar en ese tiempo a Louis L. Martz, reseñador de la revista literaria *Yale Review*: «Pinsky es el poeta nuevo más excitante que he leído desde que A. R. Ammons entró en escena». De ese

consecutive terms. He used that public position as a platform to promote poetry, convinced of its necessity in modern culture and its realization in democracy (as outlined in *Democracy, Culture, and the Voice of Poetry*, Princeton 2002). These lifelong concerns motivated numerous initiatives, like his national *Favorite Poem Project* and its resulting anthologies such as *Americans' Favorite Poems: The Favorite Poem Project Anthology* (edited with Maggie Dietz, 1999), *Poems to Read: A New Favorite Poem Project Anthology* (2002), *An Invitation to Poetry: A New Favorite Poem Project Anthology* (2004) and *Essential pleasures. A new Anthology of Poems to Read Aloud* (2009). These collections reflect Pinsky's conviction and diligence in making the historical and social necessity of poetry known, with publicly-engaged poems that capture his country's lyrical, cultural, and intellectual diversity, civic vitality, and expressive freedom. Over the course of his career, Pinsky has also maximized the use of new communication technologies as poetry editor of *Slate*, fully utilizing mass media, as when he appeared on television news programs (*The Simpsons*) with Jim Lehrer, wrote text for the interactive computer text adventure game *Mindwheel* (1984) and recorded his *PoemJazz* collaboration with pianist Laurence Hobgood (Circumstantial Productions, 2012). In recognizing this extraordinary body of work, Joel Brouwer concluded that «no other living American poet—no other living American, probably—has done so much to put poetry before the public eye.».

His singular vocation and poetic voice (which, according to Pinsky, keeps him up at night; he claims to have pillowcases stained in ink where his wife has had to take the pen out of his at hand at night) is expressed through the books of poetry he has published to date. His first book—*Sadness and Happiness*, Princeton University Press (1975)—has been compared to the works of Rainer-Marie Rilke, James Wright and Robert Lowell, comparisons that prompted Louis L. Martz to say in the *Yale Review*: «Pinsky is the most exhilarating new poet that I have read since A. R. Ammons

poemario, elegimos para su publicación en español «Criterios de Alcibíades» y «Tenis».

Luego aparece *An Explanation of America* (Princeton University Press, 1981), que poetiza reflexiones sabias, compasivas, un tanto abrumadoras, con las que el autor (como lo había intentado Robert Lowell) trata de descifrar los Estados Unidos, América, su presente y futuro utilizando el referente histórico de Roma: reelabora así el concepto de *libertad*, sus consecuencias, fragilidad y carencia. Según James Finn Cotter, este libro, «...en su enfoque filosófico, aprendizaje clásico y estructura, se parece a la obra de William Cullen Bryant más que a la de Hart Crane, pero sin ser anticuada. Tan americana como la obra de poemas largos de Bryant y Crane, como ellos tan imbuida del pasado y tan identificada con los bosques y las campiñas». De este libro hemos escogido el poema «Amor por la muerte».

En 1984 ve la luz otro libro, *History of My Heart* (Farrar, Straus and Giroux), considerado uno de los mejores poemarios de la década, ganador del premio William Carlos Williams, en el que Pinsky respira el conflicto entre el deseo y la presencia autobiográfica de seres claves en su vida (parientes, amigos de una infancia que no eligió ser absurda, como él mismo señaló), su ciclo de dolor en esta reencarnación, y la huida de esa trampa temporal, como lo ejemplifica «Oda al sentido». Le sigue el volumen *The Want Bone* (Farrar, Straus and Giroux, 1990), del que tomamos el poema homónimo «El hueso del querer». Allí se recogen versos más personales y, como se lee en el poema mencionado, afloran las imágenes fortísimas de la boca agonizante de un tiburón que, por contraste, ansía estar vivo, crear vida. En palabras de McClatchy, estos versos «...no luchan contra ángeles religiosos o demonios intelectuales, esos mitos que nos impone la tradición... sino que se refieren a uno mismo, a los mitos que creamos desde nuestros recuerdos».

El quinto poemario, que lleva el título de *The Figured Wheel: New and Collected Poems 1966-1996* (Farrar, Straus and Giroux,

entered upon the scene». Two poems from that collection, «Discretions of Alcibiades» and «Tennis» appear in this compilation.

Pinsky next published *An Explanation of America*, Princeton University Press (1981) offers wise, compassionate, and at times overwhelming reflections in which he, like Robert Lowell, attempts to decipher the phenomenon that is the United States of America, its present and future, through canonical comparison to ancient Rome: the concepts of Liberty and its consequences, its fragility and rarity. James Finn Cotter said: «In its philosophical approach, classical learning, and orderly structure, [*An Explanation of* America] resembles the work of William Cullen Bryant more than that of Hart Crane, but it is not old-fashioned. It is as American as Bryant's and Crane's long poems, as embedded in the past, and as identified with the woods and prairies». From this book, we selected «Love of Death».

History of My Heart (Farrar, Straus and Giroux, 1984) is one of the most acclaimed books of poetry of the decade, winner of the William Carlos Williams Prize, and a book in which Pinsky addresses the conflict between desire and the presence of key people in his life (family members, friends from a childhood that did not afford the option of fabular imagination), a cycle of emotional pain at their resurfacing, as well as the pain of escaping temporal traps, exemplified in the poem «Ode to Meaning» (included in this collection).

History of My Heart was followed by *The Want Bone*, Farrar, Straus and Giroux (1990)—we include here the title poem of that collection. *The Want Bone* features poems that are more personal, and as can be seen in the title poem, they are rich with virtuosic images—the agonized mouth of the shark, the anxieties of living and crafting a human life. In the words of McClatchy, these verses «do not wrestle with religious angels or intellectual demons, the myths imposed on us by tradition. Instead, they address the self, those autobiographical myths we make out of memories».

1996), fue nominado para el premio Pulitzer. «Un giro mayor en el desarrollo estilístico de Pinsky –opina Paul Breslin– ...conjugando lo apocalíptico y vasto con lo mundano y particular, erizando la energía lingüística.» Además de traducciones de Paul Celan, Boris Christoff, Czesław Miłosz y algunos de los poemas antes referidos, este volumen incluye los poemas «De la infancia de Jesús», «Camisa», «La refinería», «Ginza Samba», «Saxofón», «Imposible de contar» (que, a partir de una cadencia de jazz elegíaca, mezcla la concatenación japonesa con la tradición americana de chistes a las referencias étnicas), todos ellos incluidos en esta antología. *Jersey Rain* se publicó en 2000 por Farrar, Straus and Giroux y es una nueva colección de poemas que engloba varios de los traducidos al español. Son los casos de «Canto Samurai» y «A la televisión», ejemplos que van configurando una larga confesión dentro de la mitología. «Fuga-meditación sobre temas de una vida guiada por Hermes: divinidad de música y decepción, escolta de los muertos, inventor de instrumentos, el mensajero brillante y bromista del cielo», según las palabras del editor.

El sexto libro, *Gulf Music: Poems* (Farrar, Straus and Giroux, 2007), aborda en tres secciones (como Pinsky suele hacer en muchas de sus obras) y con una forma densa, atrevida, ingeniosa e intencionalmente caótica, tanto temas globales y históricos (casi inalcanzables excepto en su misterio) como objetos y ocurrencias cotidianas, explorando así posibilidades más que convicciones, con absoluta franqueza y el juego ocasional de la chabacanería. El estudioso de su obra, Joel Brower, asevera que los «...los poemas de *Gulf Music* constituyen uno de los mejores ejemplos que tenemos de la habilidad de la poesía para iluminar no solo lo que somos como seres humanos, sino lo que podemos llegar a ser como nación». De este poemario se han incluido aquí «Teclado», «El olvido», «Eurídice y Stalin», «Las cosas más a mano», «El burro es un animal», «Antigüedad» y «Rima».

Pinsky's fifth book of poetry, *The Figured Wheel: New and Collected Poems 1966-1996*, Farrar, Straus and Giroux (1996), a Pulitzer Prize nominee, was praised by the critic Paul Breslin as «a major turn in Pinsky's stylistic development.... [In] its hurling together of the apocalyptic and vast with the mundane and the particular, it fairly bristles with linguistic energy». Aside from translations by Paul Celan, Boris Christov, Czeslaw Milosz and a few of the aforementioned poems, this collection presents the following poems in translation: «From the Childhood of Jesus», «Shirt», «The Refinery», «Ginza Samba», «Saxophone», «Impossible to Tell» (which combines the elegiac cadences of jazz music with a Japanese concatenation, in keeping with other American poems that utilize the trope of ethnic jokes). *Jersey Rain*, Farrar, Straus and Giroux (2000), is a new collection of poems which includes, among others, the poems «Samurai Song» and «To the Television», all incorporated here, configuring a lengthy confession within a mythological context. According to the editor, these poems «meditate a life guided by the quick, artful tinkerer-god Hermes: deity of music and deception, escort of the dead, inventor of instruments, brilliant messenger, and trickster of heaven».

Pinsky's sixth book, *Gulf Music: Poems*, Farrar, Straus and Giroux (2007), is split into three sections and deals with everyday objects and occurrences, exploring their wildest possibilities rather than our convictions of them, with an absolutely frank tone and occasional play on vulgarity. This is one of Pinsky's overall goals in his process of poetry—to be at once dense and audacious, ingenious and intentionally chaotic, while dealing with global and historical themes almost inaccessible in their mystery. A scholar of this work, Joel Brouwer asserts that «the poems of *Gulf Music* are among the best examples we have of poetry's ability to illuminate not only who we are as humans, but who we are—and can be—as a nation». We have included translations of the following poems from *Gulf Music: Poems*: «Keyboard», «The Forgetting»,

Finalmente, en 2011 aparece *Selected Poems* (Farrar, Straus and Giroux), en el que se presenta la visión y trayectoria del poeta con más énfasis y detalle. Esta antología, como dice Jeremy Bass, es la prueba del logro excepcional de toda una vida: «Los poemas de Pinsky ofrecen una liturgia para nuestra cultura y nuestro tiempo, los pergaminos en los cuales nuestra historia y arte compartidos, nuestras alegrías y penas, pueden ser adivinadas. Encantadores y con musicalidad de canciones, pero imbuidos con la claridad de la prosa, estos poemas cumplen lo que Pinsky llama *nuestra responsabilidad social como poetas* continuando la música de los muertos, siendo testigos de lo que vemos y transformando lo no-poético en poético para las generaciones venideras».

Cabe destacar también, en esta somera introducción, otro aspecto importantísimo de la contribución literaria de Robert Pinsky. Se trata precisamente de sus ensayos y volúmenes de crítica literaria, en los que desarrolla su concepción sobre la naturaleza de la poesía, su musicalidad, su movimiento histórico y su significado político-social, aplicados a su propia creación. Un análisis causante y resultante de su praxis escrituraria. Ya lo había señalado Robert Lowell al escribir que «...es refrescante encontrar un poeta que es interesante intelectualmente y de primera clase técnicamente. Robert Pinsky pertenece a esta categoría rara de talentos, como poeta-crítico».

El tratado de Pinsky *The Situation of Poetry: Contemporary Poetry and Its Traditions* (Princeton University Press, 1976), sin el rigor del lenguaje académico de la crítica literaria, con agilidad y frescura, recorre la obra de Lowell, Berryman, Ammons y otros, discutiendo diversos asuntos, entre ellos la convención del asombro, aspectos discursivos de la poesía y de la prosa. Allí se insiste en la necesidad del poeta de «encontrar un lenguaje para mostrar el papel de un alma consciente y un mundo inconsciente». Además, en los ensayos que conforman su libro *Poetry and the World* (Ecco Press, 1988) se profundiza en estos conceptos con un

«Eurydice and Stalin», «First Things to Hand», «El burro es un animal», «Antique», «Rhyme».

In 2011, Pinsky published *Selected Poems,* Farrar, Straus and Giroux (2011), which presents in its ordered arrangement the vision and trajectory of the poet, with emphasis on his most recent work. This collection, as Jeremy Bass indicates, is a testament to the exceptional accomplishments of a life in poetry: «Pinsky's poems offer a liturgy for our culture and time, the scrolls in which our shared history and art, our joys and our griefs can be divined. Incantatory and songlike, yet imbued with the communicative clarity of prose, these poems fulfill what Pinsky calls 'our social responsibility as poets': to carry on the music of the dead, to bear witness to what we see, and to make the unpoetic poetic for generations to come».

It is relevant within this brief introduction to discuss another important aspect of Robert Pinsky's literary contributions. We are referring to the essays and volumes of literary criticism in which Pinsky develops his concepts of poetic naturalism, and of poetry's musicality, its historical progression, and its sociopolitical significance, all of which he applies in his own creative process. It is an analysis that both informs and results from his writing practice. Robert Lowell touched on this when he wrote: «It is refreshing to find a poet who is intellectually interesting and technically first-rate. Robert Pinsky belongs to that rarest category of talents, a poet-critic».

In *The Situation of Poetry: Contemporary Poetry and Its Traditions,* Princeton University Press (1976), Pinsky recalls the works of poets like Lowell, Berryman, Ammons, and others with agility and freshness, and without the rigid conventionality of academic literary criticism. He examines diverse topics such as qualities of wonder and the discursive aspects of poetry, its virtues and the virtues of prose. He insists on the poet's need to «find a language for presenting the role of a conscious soul in an unconscious world». In the essays that make up his book *Poetry and the World,* Ecco Press

examen detenido del impacto de las palabras en la propia vida, llegando a la conclusión de que «incluso las digresiones autobiográficas demuestran un sentido alentador de vocación». Una de las características estéticas predominantes en la obra es la musicalidad, el hecho de que la poesía, antes de ser un texto para los ojos, es un evento para el oído. Su origen en el canto, en la música compañera de la danza, es el tema central del pequeño volumen *The Sounds of Poetry: A Brief Guide* (Farrar, Straus and Giroux, 1998), breve pero substanciosa guía que David Barber ha descrito como «...no tanto una clase solemne sino más bien un animado *audio tour*, con Pinsky ofreciendo varias estrategias y motivos para la inspección y proveyendo un animado comentario de cómo afinar el oído para responder a las energías verbales que hacen a la poesía *poética*». Con una teoría sin reglas, Pinsky habla de los conceptos de acento y duración, línea y sintaxis, realidades orales, sonidos, versos libres y sueltos para adentrarse mejor en los poemas, gozándolos y entendiéndolos en su profundidad melodiosa. Este es un libro fundamental para entender la belleza y mecánica interna de los poemas del propio Robert Pinsky y, señalemos otra vez, la aludida tesis de su volumen *Democracia, cultura y la voz de la poesía,* donde se destaca el poder de la memoria como fuente de una significativa identidad colectiva estadounidense, tema que se repetirá hasta el final de este prólogo.

Por último, quiero destacar otros libros: *The Life of David* (Schocken Books, 2006), *Thousands of Broadways: Dreams and Nightmares of the American Small Town* (University of Chicago Press, 2009) y el guión para la ópera de Tod Machover *Death and the Powers* (2010).

*

Este recorrido por la creación de Pinsky nos ha permitido tocar algunos de los ejes característicos de su estética. Otros saldrán a relucir en los párrafos siguientes, dada la complejidad y riqueza

(1988), Pinsky further develops his concept of poetry with a thorough examination of the impact of words on his own life, coming to the conclusion that «even the autobiographical digressions demonstrate a heartening sense of vocation». One of the dominant aesthetic characteristics of Pinsky's work is musicality, the idea that poetry is an auditory even before it is a written notation, with its origins in song and as a companion to dance. This is the central theme of his compact publication, *The Sounds of Poetry: A Brief Guide*, Farrar, Straus and Giroux (1998), a brief but substantial guide that David Barber has described as «less that of a solemn classroom lecture than that of a spirited audio tour, with Pinsky offering up various devices and motifs for inspection and providing a lively running commentary on how to fine-tune the ear to respond to the distinctive verbal energies that make poetry *poetic*». Without adhering to any set rules, this book discusses concepts of accent and duration, line and syntax, auditory reality, sound, free and loose verse, all in order to better understand and enjoy the poems in all their melodic depth. The book is fundamental to understanding the beauty and internal mechanics of Robert Pinsky's poetry. We previously alluded to the central argument of his book *Democracy, Culture, and the Voice of Poetry*, Princeton (2002) on the importance of memory as a source of collective American identity, a theme that will repeat throughout this introduction.

Others of Pinsky's books and literary texts include: *The Life of David*, Schocken Books (2006), *Thousands of Broadways: Dreams and Nightmares of the American Small Town*, University of Chicago Press (2009), and the libretto for the Tod Machover opera *Death and the Powers* (2010).

*

This journey through Pinsky's process of literary creation has allowed us to touch on some of the main discursive, thematic, and aesthetic themes of his poetry. Others will come to light in the

de la obra, combinados con imaginación, intelecto e ingenio narrativo (por seguir las palabras de Stephen Greenblatt). Pinsky, denominado el último de los poetas «cívicos» o «públicos» de su generación, nos conduce de una forma innovadora a la infinidad de posibilidades que ofrece el lenguaje poético, con la constante creación y ficción de metáforas, alegorías, asociaciones, recurrencias etimológicas, datos en apariencia autobiográficos, perspectivas vivenciales. Así, crea la realidad más profunda que emociona, motiva, convocando referentes y protagonistas de historia, códigos religiosos (paraíso, infierno), en un intento, digamos, «teomorfista». Lo hace constantemente al observar algo en apariencia pequeño para así referirse a un universal, una polis, un cosmos. Troy Jollimore lo plantea como sigue: «...como William Blake, parece aspirar a ver un universo en un granito de arena».

El discurso quimérico de Pinsky se nutre de la complicidad del compromiso, la monstruosidad y el éxtasis crudo; se trata de la celebración poética del sonido, del sentimiento, de la reflexión. Por ejemplo, el poema «La refinería» mira su interior, su presencia mitológica, con congruencias e incongruencias, plásticamente, y nos seduce con la dinámica del contenido sensorial, afectivo y conceptual de sus imágenes, sus formas y connotaciones, su lenguaje vívido con neologismos, con filosofía y teosofía. De este modo, nos hace experimentar una realidad trascendental en tanto su verdadera importancia, su lugar en la sociedad y la historia. Cómo nos afecta en nuestra manera de sentir, pensar y actuar como personas y como comunidad es una de las claves. Pinsky nos fascina con las alusiones y analogías a misteriosos entes o divinidades, a sus regiones, referentes que sin llegar a la idiosincrasia órfica nos impactan por su presencia en este proceso de muerte y supervivencia, encarnada en

La gran Refinería, ciudad imposible de luces,
un millón de lámparas trazando sus guarnecidos

following paragraphs, given the complexity and the richness of the work, a unique combination of imagination, intellect, and narrative ingenuity, paraphrasing the words of Stephen Greenblatt. Considered one of the last «public» or «civic» poets of his generation, Pinsky creatively guides us through his poetics in his publications, navigating and exploring the infinite possibilities of poetic language, in constant creation, in the reality and fiction of metaphors, allegories, associations, etymological recourse, autobiographical insight, and existential perspectives, in a visible landscape that it traverses with the memory of imagination; it creates a deeper emotional reality and motive, calling on historical characters and references, on religious codes, heaven, hell, in a type, let's say, of «theo-morphism». He accomplishes all of this constantly, through observation, utilizing even the small detail to refer to a whole world, a city, a cosmos. As Troy Jollimore says, «like William Blake, [Pinsky] aspires to see a world in a grain of sand.».

His chimeric discourse is fed by commitment, monstrousness and ecstasy. For example, the poem «The Refinery» is introspective, examining the congruent and incongruent nature of its own mythological presence. It seduces us with its sensory content, affective and conceptual, in images, morphologies, and connotations, language alive with neologisms, philosophy and theosophy that prompts us to experience a transcendental reality in terms of its true importance, in social place and historic time; an immediacy that affects us and makes us think, act and feel as individuals, as persons and as universal community. Pinsky fascinates us with its allusions and analogies to mysterious or divine entities, their remote regions, complex yet familiar attitudes, references that, without self-destructive Orphean idiosyncrasy, are impactful in their presence in this process of death and survival, incarnate in:

The great Refinery—impossible city of lights,
A million bulbs tracing its turreted

boulevares y laberintos. El castillo de una persona
declarada con vida, la Corporación: un ficticio
Señor auténtico ante la ley.

De esta forma, una vez más ha cumplido su objetivo a través del
poema, que tiene, como la poesía en general (según sus propias
palabras), el propósito de «proveer una sensación única de coor-
dinación entre la inteligencia, las emociones y el cuerpo...» y con-
comitancias sociales sin límites.

Además del aspecto cívico y social de su poesía, en la misma
combina un lirismo personal, autobiográfico, con un lirismo co-
ral como el que lleva a cabo en, por ejemplo, «Gloria» con la pre-
sencia de Píndaro, de quien retoma la permanencia y fragilidad
del triunfo.

La pluralidad y polifacetismo de los referentes (étnicos, biblio-
cos, religiosos, mitológicos griegos, históricos) mezclados con el
peso de lo cotidiano y elementos autobiográficos conllevan una
efectividad y fuerza contundente en la prosodia de Pinsky. Es el
caso del poema «Camisa», donde el proceso de análisis y compra
de una camisa es una conmovedora narrativa histórico-social,
como han observado numerosos críticos. Y, sin ninguna fisura,
leemos una crítica desenfadada al racismo y la discriminación
en el poema «El burro es un animal», con la ferocidad de la boca
sucia de un enano irónicamente rubio.

La comunidad entre poetas es uno de los temas observados por
Pinsky, cuando toma por ejemplo el canónico encuentro entre Vir-
gilio y Dante. Aún más, su fascinación con Dante ha influenciado
su poesía en cuanto a intensidad, poder y visión, en cuanto a esa
«energía formal» que él atribuye a la obra del italiano.

Darío afirmaba que «ser sincero es ser potente» y, en el caso de
Robert Pinsky, el tratamiento de los temas, en medio de la jungla
del lenguaje, es frontal, con la honestidad de una memoria que
no olvida y una emoción que no disimula.

Boulevards and mazes. The castle of a person
Pronounced alive, the Corporation: a fictional
Lord real in law.

In this poem, Pinsky has again realized his aim, namely that poetry in general must have the purpose of «[providing] a unique
sensation of coordination between the intelligence, emotions and
the body...», and unlimited social implications.

Along with the social and civic aspects of his poetry, Pinsky
combines a personal, autobiographical lyricism with a choral lyricism. He carries this out—with shades of Píndar—in the poem
«Glory» which re-imagines both the endurance and thefragility
of human triumphs.

The pluralist and muti-faceted nature of allusion (historical,
biblical, religious, ethnic, and classical) mixed with autobiography and a sense of the quotidian is amazingly effective in Pinsky's
poetic prosody. It is worthwhile, for example, to consider «Shirt»,
which transforms the making, inspection, saleand purchase of a
shirt into a poignant historico-social narrative, as numerous critics have observed. And into bold, unfettered criticism of racism,
of discrimination, and the reach of imperialism in the poem «El
burro es un animal», with its ferocious imagery of the proffered
dirty mouth of an (ironically blonde) dwarf.

The communion between poets is another subject that
Robert Pinsky observes in authors like Virgil and Dante, as
much in the linguistic and thematic development of their work
as in its structure. His fascination with Dante has influenced
him, in his own poetic characteristics of intensity, authority
and vision, in keeping with the «formal energy» he attributes
to Dante's work.

Darío once affirmed that «to be sincere is to be poignant», and
in the case of Robert Pinsky the treatment of those themes cuts
through linguistic whim, metaphor, parody and allusion, in be-

Finalmente, debo señalar la importancia del sonido físico, de la sonoridad, del juego verbal, de la oralidad del verso, el poema como jazz, como canto, además de que la rima y el ritmo sirven como «una tecnología para recordar», según las propias palabras del autor. Muchos de los poemas aquí incluidos ejemplifican y amplían esta veneración por la musicalidad del verso y sus connotaciones múltiples de vida y espíritu. Me refiero a «Canto Samurai», «Ginza Samba», «Saxofón», «Teclado», «Samba de NY», «La última canción del autómata», entre otros. En el comienzo, como aficionado al saxofón, Pinsky quiso reproducir la música en su poesía. Goza del jazz, dice, «por su inmediatez física, improvisación y también el sentido de que toda una vida de sufrimiento, estudio, pensamiento y emoción está detrás de una sola frase». Él mismo nos provee el contexto más profundo y de amplio alcance de esta conjugación complicada de realidades en el ensayo que escribió para *The Atlantic*:

> Nuestra grandeza consiste precisamente en el hecho de que nos vamos haciendo a medida que nos movemos, que estamos perpetuamente en el proceso de concebirnos como pueblo. Una calidad de improvisación ecléctica, sintetizadora, absorbe nuestras producciones culturales. Esta cualidad aparece sin duda tanto en nuestras manifestaciones culturales más gloriosas como en las más estúpidas: en la música transcedental de Charlie Parker como en la estupidez vergonzosa del medio tiempo de Super Bowl. Este espíritu improvisante, provisional, existe en los poemas de Wallace Stevens y en los vaqueros de Levi Strauss.

Es difícil encuadrar la originalidad de la poesía de Robert Pinsky en el contexto de la poesía estadounidense contemporánea, excepto por los influjos y comuniones ya mencionados, además de la omnipresencia de Walt Whitman. Sabemos que, utilizando

ing frontal and direct, with the honesty of undissembled memory and un-dissimulated emotion.

Finally, I should expound a bit on the importance of physical sound in Pinsky's poetry, of sound quality, wordplay, the oral aspects of verse: the poem as jazz, as song, rhyme and rhythm as «a technology... to hold things in memory». Many of the poems included here exemplify and amplify this veneration for the musicality of verse and for its multiple, intense connotations of life and spirit: «Samurai Song», «Ginza Samba», «Saxophone», «Keyboard», «NY Samba», «Last Robot Song», among others. Initially, as a saxophone enthusiast, Pinsky sought to reproduce music in his poetry. He enjoys jazz, as he says, because of its «physical immediacy, improvisation and also the sense that a lifetime of suffering and study and thought and emotion is behind some single phrase». He himself provides the most profound and accessible example of this complex conjugation of reality, words and sound, in the essay he wrote for *The Atlantic*: «The greatness of our nation, then, may consist partly in its ability to thrive, to endure, and to evolve without certain marks of peoplehood. Indeed, a major, traditional American proposition has been that our greatness consists precisely in the fact that we are making it up as we go along—that we are perpetually in the process of devising ourselves as a people. An improvised, eclectic, synthesizing quality pervades our cultural products. This quality seems unmistakable in both the most glorious and the stupidest of our cultural manifestations—in the transcendent music of Charlie Parker and in the embarrassing dumbness of Super Bowl half-time shows. The improvisational, provisional spirit is in the poems of Wallace Stevens and in the denim pants of Levi Strauss».

It is difficult to classify Robert Pinsky's originality in the context of contemporary American literature, with the exception of aforementioned influences and collaborations and the constant presence of Walt Withman. We know, mindful of Harold Bloom's the-

la teoría de Harold Bloom sobre la ansiedad de la influencia, los maestros de Robert Pinsky fueron literalmente Francis Fergusson y Paul Fussell en la Universidad de Rutgers, e Yvor Winters, en Stanford, al tiempo que cita a Emily Dickinson y a John Coltrane entre las propuestas más fuertes que ha metabolizado. En una entrevista, Robert Pinsky aclara que sus poemas favoritos varían día a día, siendo a veces el poema de Keats, «Ode to a Nightingale», otras, «Fine Work with Pitch and Copper» de William Carlos Williams, otras, «At the Fishhouses» de Elizabeth Bishop, y por último, «Sailing to Byzantium» de William Butler Yeats. Su lista de autores está compuesta por William Carlos Williams, Allen Ginsberg, Homer, Ben Jonson, Wallace Stevens. También conocemos sus intercambios y colaboraciones con poetas como Tom Sleigh, Thom Gunn, Bob Hass, Seamus Heaney, Jim McMichael, David Ferry, Louise Glück, Alan Williamson. Pero, dada la exclusividad de su creación tanto en su forma como en su fondo, no se lo ha encasillado en ninguna escuela o tradición, aunque se haya insinuado que opera dentro de los parámetros estilísticos de una escuela post-T. S. Eliot, siendo su mayor mentor Robert Lowell.

Traducción

Al hablar de nuestras traducciones, corresponde primero mencionar la experiencia de Pinsky como traductor. Con Robert Hass y Renata Gorczynski, Robert Pinsky publicó, en 1984, *The Separate Notebooks by Czesław Miłosz*, el poeta galardonado con el Nobel, con quien tuvo oportunidad de comunicarse en el proceso de la traducción de su obra. Por otro lado, Pinsky, siguiendo la tradición de otros poetas-críticos como Samuel Taylor Coleridge, Matthew Arnold, T. S. Eliot, y W. H. Auden, ejerció magistralmente el arte de traducir con su versión al inglés del *Inferno* de Dante, utilizando allí numerosos tipos de representaciones.

ory of the anxiety of influence, that Robert Pinsky's actual professors were Francis Fergusson and Paul Fussell at Rutgers University and Yvor Winters at Stanford. At the same time, we must cite Emily Dickinson and John Coltrane among his internalized influences. In an interview, Robert Pinsky clarifies that his favorite poems vary day to day; one day, it might be Keats' «Ode to a Nightingale», on another, «Fine Work with Pitch and Copper» by William Carlos Williams, «At the Fishhouses» by Elizabeth Bishop, or «Sailing to Byzantium» by William Butler Yeats. He lists his influences in the following order: William Carlos Williams, Allen Ginsberg, Homer, Ben Jonson, Wallace Stevens. We also know of Pinsky's collaborations and exchanges with poets like Tom Sleigh, Thom Gunn, Bob Hass, Seamus Heaney, James McMichael, David Ferry, Louise Glück, Alan Williamson and others. However, given the exclusivity of his creations in both form and foundation, he has not been neatly classified in a single tradition or school of thought, though he has implied that he operates within the parameters of a post-T.S. Eliot movement, his primary mentor being Robert Lowell.

Translation

In discussing our translations, we should mention Pinsky's own experience as a translator. In 1984, Pinsky published (along with Robert Hass and Renata Gorczynski) *The Separate Notebooks* by Czeslaw Milosz, the Nobel Prize winning poet with whom he had the opportunity to communicate during the process of translating the work, with all the advantages and disadvantages that such an exchange entails. On the other hand, Pinsky, in continuing the tradition of other poet-critics like Samuel Taylor Coleridge, Matthew Arnold, T.S. Eliot, and W.H. Auden, brilliantly exercises the art of translation in his English version of Dante's *Inferno*, applied to numerous forms representation in that work.

En mi caso, al traducir la obra de Pinsky, tuve la suerte de contar con el diálogo personal y su presencia en este intercambio de embrujo, acto de alquimia y contradicción (recordemos el clásico «traductor/traidor») que constituye el acto de volcar literatura en otro idioma. Y, de hecho, el mismo Pinsky hizo propuestas de selección y orden de sus poemas para esta antología bilingüe.

Pero más de una vez me acosó la preocupación sobre ¿cómo se puede captar, descifrar y transmitir la fuerza lingüística y poética de sus versos a otra lengua? Contemplando, como Ortega y Gasset en su célebre ensayo *Miseria y esplendor de la traducción*, la funesta posibilidad de que «la faena de traducir [sea] una operación utópica y un propósito imposible». Preocupación que se agigantaba con la fuerza de los versos de Pinsky, como:

Thirsty and languorous after their long black sleep
The old gods crooned and shuffled and shook their heads.

Sedientos y lánguidos luego de su largo dormir negro
los viejos dioses canturreaban y barajeaban y sacudían sus cabezas.

Con la traducción de su obra me ocurrió lo mismo que le sucedió a Pinsky al quedar fascinado por la poesía de Dante, me refiero al desafío de traducir los mismos estados de entusiasmo, gozo y agonía. De hecho, Pinsky declaró en una entrevista al *New York Times Book Review*: «Era como si fuera un niño con un juguete nuevo. Llamo a la traducción una fiesta de ingeniería métrica y la trabajé obsesionado». Así logró un resultado altamente reconocido y esto motivó a Edward Hirsch a calificar la labor de Pinsky de peculiar por su fuerza de «mantener la velocidad episódica y narrativa original al mismo tiempo que imita su estructura y character formal. No es un logro pequeño el reproducir el esquema de la rima de Dante y al mismo tiempo sonar fresco y natural en inglés». El rango sinfónico de la

In my case, I was lucky in that I could count on a personal dialogue with Pinsky and on the writer's presence in our interchange, in the mystical, mysterious, alchemic and contradictory act (the classic «translator, traitor» argument) that is translation. In fact, Robert Rinsky had a word in the selection and order of the volumen.

However, once against I found myself agonizing over the translation—how can one capture, decipher, and transmit the literary and poetic force of verse into another language? I contemplated—as did Ortega y Gasset in his celebrated essay, *Mystery and the Splendor of Translation*—the bleak possibility that «the task of translating is a utopic operation and an impossible proposition». This is a concern that amplifies with the force of Pinsky's verses, such as:

Thirsty and languorous after their long black sleep
The old gods crooned and shuffled and shook their heads.

Sedientos y lánguidos luego de su largo dormir negro
los viejos dioses canturreaban y barajeaban y sacudían sus cabezas.

In my work, I faced the same challenge that Pinsky must have faced when working with Dante: in finding myself so fascinated by his poetry, I had to try to translate it with all states of enthusiasm, joy and agony intact. As he stated in his interview with the *New York Times Book Review*: «This was like being a child with a new toy. I called the translation a feat of metrical engineering, and I worked obsessively».

In this way, he achieved a critically acclaimed result amid so many other English translations of Dante. Edward Hirsch said that «the translation's strength lies in its ability to keep to the original's episodic and narrative velocity while mirroring its formal shape and character. It is no small achievement to reproduce Dante's rhyme scheme and at the same time sound fresh and nat-

«terza rima» y otras musicalidades se recrearon en su famosa traducción.

Dentro de las posibles opciones y estrategias en la aproximación a la traducción, en los poemas aquí incluidos, se podrá apreciar por mi parte un esfuerzo por lo literal pretendiendo seguir los ejemplos sublimes de traducción de un Eliot Weinberger con respecto a la obra de Octavio Paz o la versión de José Luis Rivas del *Omeros* de Derek Walcott.

No hay espacio para discutir aquí todo el proceso teórico o anecdótico de nuestra traducción. Insisto en la dicha de poder compartir con un poeta vivo que ama los idiomas, y el español en particular, su reencarnación a la lengua de Cervantes y Góngora (personajes que él mismo activa en sus versos).

La poeta y traductora de grandes poetas norteamericanos contemporáneos y directora de la editorial Vaso Roto, Jeannette L. Clariond, ha dado a conocer recientemente una teoría de la traducción, que, aunque en ocasiones sea un tanto difícil de personificar, vale la pena compartir ahora. Jeannette L. Clariond sostiene que la traducción es copulación: «La traducción literaria no es una traición sino una cópula: dos lenguas que se juntan, miradas que se unen para ver el mundo con los mismos ojos: mundo de quien se traduce y que ha sido vislumbrado por el traductor. *Il traduttore è un traditore,* solía decirse; y hay quienes aún conciben así tal ejercicio, como si fuese real la coexistencia de la traición y la creación. El mundo se ha globalizado; la Palabra, en cambio, se ha universalizado: se ha hecho una. En este inter-linguae se penetra el cuerpo del lenguaje: la voz se desnuda ante la otra voz, se abre, se deja penetrar por la otra desnudez... La unión de dos lenguas deviene coito, derrame espiritual en la entrega. Da inicio la cópula: dos seres en tránsito hacia la parte más necesitada de ser que no puede traicionarse ni engañarse». Festejo la sensualidad de la aproximación y espero, en todo caso, que el resultado en la compenetración que aquí nos ocupa sea un hijo de los mejores,

ural in English». The symphonic range of the «terza rima» and other musical qualities were recreated in this famous translation. Among the possible options in my approximate translation, I can appreciate in the poems included here a stress on the literal, an attempt to follow the sublime examples of Eliot Weinberger's translations of Octavio Paz, or José Luis Rivas' version of Derek Walcott's *Omeros*.

We lack the space here to adequately describe the entire theoretic and interlocutory process of our translation. It is a joy to be able to share in this process with a living poet who loves language and Spanish in particular, English reincarnated in the language of Cervantes and Góngora (characters he revives in his verse).

Jeannette L. Clariond (the poet, translator of great North American contemporary poets, and director of Editorial Vaso Roto) has recently brought forward a new theory of translation that is worth sharing, even though it is at times difficult to apply. She sustains that translation is like physical consummation: «Literary translation is not a betrayal, but a copulation: two languages come together, two viewpoints come together to see the world with the same eyes: the world of the work being translated, as observed by the translator. Contrary to the dictum *Il traduttore è un traditore*, the Word has been globalized, universalized and made one, rather than being forced into the coexistence of treason and creation. In this inter-linguae, the body of language is penetrated: the voice is denuded before another voice, as it opens itself, allows itself to be penetrated by another nakedness... the union of two languages is a type of intercourse, and the soul spills out upon self-surrender. Copulation is a beginning: two persons in transit towards the most necessary part of existence that cannot be betrayed or fooled». I welcome the sensuality of approximation, and hope, in any case, that the result of our mutual understanding is a child in every sense of the word, acknowledging (as Wallace Stevens said) the imperfection of our paradise.

sin descartar que, como decía Wallace Stevens, la imperfección es nuestro paraíso.

He tenido el gusto de convivir en esta aventura con un especializado en Filología Hispánica por la Universidad de Salamanca, Andrés Catalán, quien ha traducido magistralmente once poemas de Robert Pinsky aquí incluidos: «Saxofón», «Teclado», «La ciudad», «Imposible de contar», «Las cosas más a mano», «Morir», «Criterios de Alcibíades», «Tenis», «La procesión», «Ballena» y «La última canción del autómata». Al final de cada poema, se encontrarán primero los nombres y luego las iniciales de los traductores respectivos: [A. C.] para Andrés Catalán y [L. A. A.] para Luis Alberto Ambroggio.

Agradezco también a Patricia Fisher, dedicada traductora lírica del Centro de Escritores de Bethesda, Maryland, y a Inma C. Pérez Parra, de Cádiz, con grados académicos en Historia, Arqueología, docencia, premio en Crítica Literaria y publicaciones de traducciones del inglés al español. Gracias a ambas colaboradoras, por sus valiosas sugerencias y revisiones de algunas de las traducciones aquí incluidas. Y agradezco a Sara Rivera, escritora y artista en el proceso de sacar una Maestría en Bellas Artes especializándose en poesía en la Universidad de Boston, quien tradujo del español al inglés esta introducción y el epílogo, firmado por Andrés Catalán, que cierra este libro.

Concluyo esta introducción (celebro la paradoja) repitiendo mi admiración por la poesía de Robert Pinsky, por su fuerza vital, su compromiso con la ciudadanía y el imaginario democrático, la genialidad de sus referentes imbuidos en la cotidianidad, la presencia de la memoria y esa fragilidad del olvido en las frases, como él mismo articula: «una cualidad que vive en una relación variada, inestable, con el significado». Con el mismo entusiasmo de mi descubrimiento, los invito a disfrutar estos poemas que combinan de una manera única e internacional licencias y sonidos, el movimiento inesperado y el juego del pensar, y nos sitúan

I have the pleasure of sharing this venture with Andrés Catalán, a specialist in Hispanic Philology at the University of Salamanca, who has superbly translated eleven of Pinsky's poems included here: «Saxophone», «Keyboard», «The City», «Impossible to Tell», «First Things to Hand», «Dying», «Discretions of Alcibiades», «Tennis», «The Procession», «Whale» and «Last Robot Song». After each poem, you will find the traslators' names and also the initials—[A. C., Andrés Catalán] and [L. A. A., Luis Alberto Ambroggio].

I am gratedul to Patricia Fisher, a dedicated translator of poems from *The Writers Center*, Bethesda, Maryland, and to Inma C. Pérez Parra, from Cádiz, with university degrees in History, Education and Archeology, an award for literary criticism essays and publications of translated texts from English to Spanish, for their valuable suggestions, revisions of some of the translations included in this collection of selected poems. And also to Sara Rivera, a writer and artist working on her MFA in Poetry at Boston University, who translated the Introduction and the Epilogue, written by Andrés Catalán, from Spanish into English.

I conclude this introduction (in full acknowledgement of the inevitable paradox) by reiterating my admiration for the poetry of Robert Pinsky, its vital energy, its concern with urban life and the democratic imagination, the genius of his cotidian references, the presence of memory and fragility of the forgotten, as he articulated when he said that «a quality that lives in a varied relationship, unstable as its meaning». I invite you to enjoy these poems with the same exuberance with which I discovered them; they combine in a unique and cosmopolitan manner the mischiefs, sonic and linguistic licenses, the unexpected movement and the modes of understanding and expression, and they situate us in our universe of peace and violence, justice and injustice, faith and beauty, life and death, in the simple complexity of who we were, are now, and should be as individuals and as a community.

en un universo de paz y violencia, justicia e injusticia, fealdad y belleza, vida y muerte, de lo que somos y de lo que deberíamos ser como individuos y como comunidad.

Finalizo con mi exhortación a la lectura placentera y sopesada de estas versiones, creaciones y recreaciones bilingües, adelantándoles, para saborear los sonidos y la imagen, una estrofa del poema «Rima»:

> El aire un instrumento de la lengua,
> la lengua un instrumento
> del cuerpo, el cuerpo
> un instrumento del espíritu,
> el espíritu un ser del aire.

LUIS ALBERTO AMBROGGIO

I end with my exhortation to a pleasurable and engrossed reading of these versions, creations and bilingual recreations, savoring the sounds and images you will encounter, as in this passage in his poem «Rhyme»:

> Air an instrument of the tongue,
> The tongue an instrument
> Of the body, the body
> An instrument of spirit,
> The spirit a being of the air.

LUIS ALBERTO AMBROGGIO

GINZA SAMBA
SELECTED POEMS

GINZA SAMBA
POEMAS ESCOGIDOS

Samurai Song

When I had no roof I made
Audacity my roof. When I had
No supper my eyes dined.

When I had no eyes I listened.
When I had no ears I thought.
When I had no thought I waited.

When I had no father I made
Care my father. When I had
No mother I embraced order.

When I had no friend I made
Quiet my friend. When I had no
Enemy I opposed my body.

When I had no temple I made
My voice my temple. I have
No priest, my tongue is my choir.

When I have no means fortune
Is my means. When I have
Nothing, death will be my fortune.

Need is my tactic, detachment
Is my strategy. When I had
No lover I courted my sleep.

Canto samurái

Cuando no tuve techo hice
de la audacia mi techo. Cuando no tuve
cena mis ojos cenaron.

Cuando no tuve ojos escuché.
Cuando no tuve oídos pensé.
Cuando no tuve pensamiento esperé.

Cuando no tuve padre hice
del cuidado mi padre. Cuando no tuve
madre abracé el orden.

Cuando no tuve amigo hice
del silencio mi amigo. Cuando no tuve
enemigo me opuse a mi cuerpo.

Cuando no tuve templo hice
de mi voz mi templo. No tengo
sacerdote, mi voz es mi coro.

Cuando no tengo recursos la fortuna
es mi recurso. Cuando no tenga
nada, la muerte será mi fortuna.

La necesidad es mi táctica, el desapego,
mi estrategia. Cuando no tuve
amante cortejé mi dormir.

[L.A.A.]

Shirt

The back, the yoke, the yardage. Lapped seams,
The nearly invisible stitches along the collar
Turned in a sweatshop by Koreans or Malaysians

Gossiping over tea and noodles on their break
Or talking money or politics while one fitted
This armpiece with its overseam to the band

Of cuff I button at my wrist. The presser, the cutter,
The wringer, the mangle. The needle, the union,
The treadle, the bobbin. The code. The infamous blaze

At the Triangle Factory in nineteen-eleven.
One hundred and forty six died in the flames
On the ninth floor, no hydrants, no fire escapes—

The witness in a building across the street
Who watched how a young man helped a girl to step
Up to the window sill, then held her out

Away from the masonry wall and let her drop.
And then another. As if he were helping them up
To enter a streetcar, and not eternity.

A third before he dropped her put her arms
Around his neck and kissed him. Then he held
Her into space, and dropped her. Almost at once.

Camisa

La espalda, el canesú, la tela. Costuras dobladas,
las puntadas casi invisibles a lo largo del cuello
cosidas en una fábrica clandestina por coreanos o malayos

que chismosean en su receso para consumir té o fideos
o hablan de dinero o política mientras uno encaja
esta manga con su tejido extra en el borde

del puño que abotono en mi muñeca. La prensadora, el que corta,
la escurridora, el planchador, la aguja, la unión,
el pedal, el carrete. El código. El infame incendio

en la Fábrica Triangle en 1911.
Ciento cuarenta y seis murieron en las llamas
del noveno piso, sin matafuegos, sin escalera de incendios.

El testigo, en un edificio al otro lado de la calle,
que observó cómo un muchacho ayudó a una chica a subirse
al alféizar de la ventana, y entonces la sostuvo fuera

lejos de la pared de ladrillos y la dejó caer,
y luego a otra. Como si estuviese ayudándolas
a entrar a un tranvía y no a la eternidad.

Una tercera antes de que él la soltara le puso los brazos
alrededor del cuello y lo besó. Entonces él la sostuvo
en el espacio y la dejó caer. Casi al mismo instante.

He stepped to the sill himself, his jacket flared
And fluttered up from his shirt as he came down,
Air filling up the legs of his gray trousers—

Like Hart Crane's Bedlamite, "shrill shirt ballooning."
Wonderful how the pattern matches perfectly
Across the placket and over the twin bar-tacked

Corners of both pockets, like a strict rhyme
Or a major chord. Prints, plaids, checks,
Houndstooth, Tattersall, Madras. The clan tartans

Invented by mill-owners inspired by the hoax of Ossian,
To control their savage Scottish workers, tamed
By a fabricated heraldry: MacGregor,

Bailey, MacMartin. The kilt, devised for workers
To wear among the dusty clattering looms.
Weavers, carders, spinners. The loader,

The docker, the navvy. The planter, the picker, the sorter
Sweating at her machine in a litter of cotton
As slaves in calico headdrags sweated in fields:

George Herbert, your descendant is a Black
Lady in South Carolina, her name is Irma
And she inspected my shirt. Its color and fit

And feel and its clean smell have satisfied
Both her and me. We have culled its cost and quality
Down to the buttons of simulated bone,

Él mismo se subió al alféizar, su chaqueta en llamas,
y se zafó de su camisa a medida que caía,
con el aire llenándole las piernas de sus pantalones grises

cual la Bedlamita de Hart Crane, «camisa chillona que se hincha».
Maravilloso cómo el diseño combina perfectamente
a lo ancho de la solapa y sobre los remates gemelos bordados

de las esquinas de ambos bolsillos, como una rima estricta
o un acorde mayor. Estampados, telas escocesas, cuadros,
diseño pata de gallo, Tattersall, Madrás. El clan de tartanes

inventado por los dueños de los telares inspirados por el engaño
                                                    [de Ossian
para controlar a sus salvajes obreros escoceses, domesticados
por una heraldía inventada: MacGregor,

Bailey, MacMartin. La falda escocesa, diseñada para que los
                                                    [obreros
la vistieran entre los ruidosos y polvoriendos telares.
Tejedores, cardadores, hilanderos. El cargador,

el estibador, el peón. El sembrador, el recolector, el clasificador
sudando con su máquina sobre un basurero de algodón
como los esclavos con turbantes de percal sudaban en los campos:

George Herbert, tu descendiente es una Mujer
Negra de Carolina del Sur, su nombre es Irma
y ella inspeccionó mi camisa. Su color y cómo me queda

y su textura y su olor a limpio nos ha satisfecho
tanto a ella como a mí. Hemos seleccionado el costo y la calidad
hasta de los botones de hueso falso,

The buttonholes, the sizing, the facing, the characters
Printed in black on neckband and tail. The shape,
The label, the labor, the color, the shade. The shirt.

los ojales, la talla, la entretela, las letras
impresas en negro en la banda del cuello y abajo. La hechura,
la etiqueta, el trabajo, el color, el tono. La camisa.

[L.A.A.]

Ginza Samba

A monosyllabic European called Sax
Invents a horn, walla whirledy wah, a kind of twisted
Brazen clarinet, but with its column of vibrating
Air shaped not in a cylinder but in a cone
Widening ever outward and bawaah spouting
Infinitely upward through an upturned
Swollen golden bell rimmed
Like a gloxinia flowering
In Sax's Belgian imagination

And in the unfathomable matrix
Of mothers and fathers as a genius graven
Humming into the cells of the body
Or saved cupped in the resonating grail
Of memory changed and exchanged
As in the trading of brasses,
Pearls and ivory, calicos and slaves,
Laborers and girls, two

Cousins in a royal family
Of Niger known as the Birds or Hawks.
In Christendom one cousin's child
Becomes a "favorite negro" ennobled
By decree of the Czar and founds
A great family, a line of generals,
Dandies and courtiers including the poet
Pushkin, killed in a duel concerning
His wife's honor, while the other cousin sails

Ginza Samba

Un europeo monosilábico llamado Sax
inventa un cuerno, wala gira sobre wa, un tipo de clarinete
descarado curvilíneo, pero con su columna de aire
vibrante con la forma no de cilindro sino de cono
amplificándose hacia fuera y escupiendo bawaah
infinitamente hacia lo alto a través de una campana
hinchada boca arriba con armazón
cual una gloxinia floreciente
en la imaginación belga del Sax

y en la insondable matriz
de madres y padres cual talla de genio
tarareando dentro de las células del cuerpo
o en el cuenco salvado del cáliz resonante
de la memoria cambiada e intercambiada
como en el comercio de los latones,
perlas, marfil, lienzos y esclavos,
trabajadores y muchachas, dos

primos en una familia real
de Nigeria conocida como los Pájaros o Halcones.
En el cristianismo un hijo de un primo
llega a ser «un negro favorito» ennoblecido
por un decreto del zar y funda
una familia grande, una línea de generales,
dandis y cortesanos incluyendo al poeta
Pushkin, muerto en un duelo relacionado
con el honor de su esposa, mientras la otra prima navega

In the belly of a slaveship to the port
Of Baltimore where she is raped
And dies in childbirth, but the infant
Will marry a Seminole and in the next
Chorus of time their child fathers
A great Hawk or Bird, with many followers
Among them this great-grandchild of the Jewish
Manager of a Pushkin estate, blowing

His American breath out into the wiggly
Tune uncurling its triplets and sixteenths—the Ginza
Samba of breath and brass, the reed
Vibrating as a valve, the aether, the unimaginable
Wires and circuits of an ingenious box
Here in my room in this house built
A hundred years ago while I was elsewhere:

It is like falling in love, the atavistic
Imperative of some one
Voice or face—the skill, the copper filament,
The golden bellfull of notes twirling through
Their invisible element from
Rio to Tokyo and back again gathering
Speed in the variations as they tunnel
The twin haunted labyrinths of stirrup
And anvil echoing here in the hearkening
Instrument of my skull.

en la barriga de un barco de esclavos al puerto
de Baltimore donde es violada
y muere al dar a luz, pero el bebé
se casará con un seminola y en el próximo
coro del tiempo su hijo engendrará
un gran Halcón o Pájaro con muchos seguidores,
entre ellos este bisnieto del Administrador
judío del patrimonio de Pushkin, soplando

su aliento americano hacia fuera en el ondulado
tono que desenrolla sus tresillos y sus semicorcheas... la Ginza
Samba de suspiro y metal, lengüeta
vibrando como una válvula, el éter, los cables
y circuitos inimaginables de una caja ingeniosa
aquí en mi habitación en esta casa construida
hace cien años mientras yo estaba en otro lugar:

es como enamorarse, el imperativo
cavernícola de alguna
voz o cara... la habilidad, el filamento de cobre,
la dorada campana llena de notas que gira a través
de su elemento invisible
desde Río hasta Tokio y de regreso acumulando
velocidad en las variaciones mientras cavan
los laberintos hechizados mellizos de trabilla
y yunque que producen un eco aquí en el atento
instrumento de mi cráneo.

[L.A.A.]

Creole

I'm tired of the gods, I'm pious about the ancestors: afloat
In the wake widening behind me in time, the restive devisers.

My father had one job from high school till he got fired at thirty.
The year was 1947 and his boss, planning to run for mayor,

Wanted to hire an Italian veteran, he explained, putting it
In plain English. I was seven years old, my sister was two.

The barbarian tribes in the woods were so savage the Empire
Had to conquer them to protect and clear its perimeter.

So into the woods Rome sent out missions of civilizing
Governors and invaders to establish schools, courts, garrisons:

Soldiers, clerks, officials, citizens with their household slaves.
Years or decades or entire lives were spent out in the
                                    [hinterlands—

Which might be good places to retire on a government pension,
Especially if in those work-years you had acquired a native wife.

Often I get these things wrong or at best mixed up but I do
Feel piety toward those persistent mixed families in Gaul,

Britain, Thrace. When I die may I take my place in the wedge
Widening and churning in the mortal ocean of years of souls.

Criollo

Cansado de los dioses, soy devoto de mis antepasados: floto
en la estela que crece tras de mí en el tiempo, los tercos inventores.

Mi padre tuvo un solo trabajo desde la secundaria hasta su
[despido a los treinta.
Sucedió en 1947 y su jefe planeaba postularse para alcalde.

Quería emplear a un italiano veterano, explicó, diciéndolo
en un inglés sin recovecos. Yo tenía siete años, mi hermana, dos.

Las tribus salvajes en los bosques eran tan bárbaras que el Imperio
tuvo que conquistarlas para proteger y limpiar su perímetro.

Así Roma envió a los bosques misiones de gobernadores
civilizadores e invasores para crear escuelas, cortes y guarniciones:

soldados, empleados, funcionarios, ciudadanos con sus esclavos
[domésticos.
Años o décadas o vidas enteras pasaron tierra adentro,

lugares que podrían ser buenos para retirarse con una pensión,
especialmente si en esos años de trabajo te casabas con una nativa.

Frecuentemente me equivoco o a lo mejor me confundo pero
tengo compasión por esas familias mixtas en Galia,

Inglaterra, Tracia. Cuando muera ojalá me ubique en el límite
ampliando y revolcándome en el océano mortal de años de almas.

As I get it, the Roman colonizing and mixing, the intricate
                                                [Imperial
Processes of enslaving and freeing, involved not just the
                                                [inevitable

Fucking in all senses of the word, but also marriages and births
As developers and barbers, scribes and thugs mingled and
                                                [coupled

With the native people and peoples. Begetting and trading, they
Needed to swap, blend and improvise languages—couples

Especially needed to invent French, Spanish, German: and I
                                                [confess—
Roman, barbarian—I find that Creole work more glorious than
                                                [God.

The way it happened, the school sent around a notice: anybody
Interested in becoming an *apprentice optician*, raise your hand.

It was the Great Depression, anything about a job sounded good
                                                [to
Milford Pinsky, who told me he thought it meant a kind of
                                                [dentistry.

Anyway, he was bored sitting in study hall, so he raised his hand,
And he got the job as was his destiny—full-time, once he
                                                [graduated.

Según lo entiendo, la colonización romana y el mestizaje, los
[complejos
procesos imperiales de esclavizar y liberar, involucraban no solo
[el inevitable

joder en todos los sentidos de la palabra, sino también bodas y
[nacimientos
mientras promotores y barberos, amanuenses y rufianes se
[entremezclaban y se apareaban

con la gente nativa y los pueblos. Para procrear y comercializar
necesitaron intercambiar, mezclar e improvisar idiomas. Parejas,

en particular, necesitaron inventar el francés, español, alemán,
[y confieso:
el romano, el bárbaro, encuentro ese trabajo criollo más
[glorioso que Dios.

Ocurrió así: la escuela envió una notificación: cualquier
interesado en llegar a ser *aprendiz de oculista*, levante la mano.

Era la Gran Depresión, cualquier cosa sobre un trabajo le sonaba
[bien a
Milford Pinsky, que me dijo que eso significaba un tipo de
[odontología.

De todas formas, estaba aburrido sentado en el aula de estudio,
[así que levantó la mano,
y obtuvo el trabajo como era su destino, a tiempo completo, una
[vez graduado.

Joe Schiavone was the veteran who took the job, not a bad guy,
Dr. Vineburg did get elected mayor, Joe worked for him for years.

At the bank an Episcopalian named John Smock, whose family
[owned
A piece of the bank, had played sports with Milford and gave him
[a small

Loan with no collateral, so he opened his own shop, grinding
[lenses
And selling glasses: as his mother-in-law said, "almost a
[Professional."

Optician comes from a Greek word that has to do with seeing.
Banker comes from an Italian word for a bench, where people sat,

I imagine, and made loans or change. *Pinsky* like "Tex" or
["Brooklyn"
Is a name nobody would have if they were still in that same
[place:

Those names all signify someone who's been away from home a
[while.
Schiavone means "a slav." *Milford* is a variant on the names of
[poets

—Milton, Herbert, Sidney—certain immigrants used to give
their offspring. *Creole* comes from a word meaning to breed or
to create, in a place.

Joe Schiavone, el veterano que tomó su puesto, no era mal tipo,
el Dr. Vineburg fue elegido alcalde, Joe trabajó para él por años.

En el banco, un episcopaliano llamado John Smock, cuya familia
[poseía
parte del banco, practicaba deportes con Milford y le hizo un
[pequeño

préstamo sin garantía, así que abrió su propio negocio, puliendo
[lentes
y vendiendo gafas: como decía su suegra, «casi un profesional».

Oculista deriva del griego y se refiere al ver.
Banquero deriva del italiano para decir banco, donde se sienta la
[gente,

me imagino, y donde se realizaban préstamos o cambios. *Pinsky*
[como «Tejanito» o «Brooklyn»
es un nombre que nadie ostentaría si aún permaneciera en el
[mismo lugar:

todos estos nombres apuntan a alguien que ha estado fuera de
[casa un tiempo.
Schiavone significa «eslavo». *Milford* es una variante de nombres
[de poetas,

Milton, Herbert, Sidney, que ciertos inmigrantes le solían poner
a sus descendientes. *Criollo* viene de una palabra que significa
engendrar o crear un lugar.

[L.A.A.]

Horn

This is the golden trophy. The true addiction.
Steel springs, pearl facings, fibers and leathers, all
Mounted on the body tarnished from neck to bell.

The master, a Legend, a "righteous addict," pauses
While walking past a bar, to listen, says: Listen—
Listen what that cat in there is doing. Some figure,

Some hook, breathy honk, sharp nine or weird
Rhythm this one hack journeyman hornman had going.
Listen, says the Dante of bop, to what he's working.

Breath tempered in its chamber by hide pads
As desires and demands swarm through the deft axe
In the fixed attention of that one practitioner:

Professional calluses and habits from his righteous
Teachers, his dentist, optician. A crazed matriarch, hexed
Architect of his making. Polished and punished by use,

The horn: flawed and severe, it nestles in plush,
The hard case contoured to cradle the engraved
Hook-shape of Normandy brass, keys from seashells

In the Mekong, reed from Belize. Listen. Labor:
Do all the altered scales in the woodshed. Persist,
You practiced addict, devotee, slave of Dante

Saxofón

Este es el trofeo dorado. La verdadera adicción.
Resortes de acero, revestimientos de plata, fibras y pieles, todo
engastado en el cuerpo deslucido del bocal a la campana.

El maestro, una Leyenda, un «adicto decente», se detiene
al pasar andando junto a un bar, para escuchar, dice: Escucha.
Escucha lo que está tocando ahí ese tipo. Alguna figura,

algún estribillo, entrecortado bocinazo, novena sostenida o extraño
ritmo que producía este mediocre saxofonista contratado.
Escucha, dice el Dante del bebop, en lo que está trabajando.

Aliento atemperado en su cámara por las ocultas zapatillas
mientras deseo y exigencia recorren el diestro instrumento
bajo la absorta atención de este practicante:

callos de experto y hábitos heredados de sus honrados
profesores, de su dentista, su óptico. Una matriarca loca, un
                                                    [embrujado
arquitecto creado por sí mismo. Pulido y castigado por el uso,

el saxofón: imperfecto y adusto, se acurruca en la felpa,
el estuche rígido contorneado para que acune la grabada
forma de gancho de metal normando, las llaves de caracola

del Mekong, la lengüeta de Belice. Escucha. Tarea:
mátate al practicar todas las escalas alteradas. Persiste,
experimentado adicto, adepto, esclavo de Dante

Like Dante himself a slave, whose name they say
Is short for Durante, meaning Persistent—listen,
Bondsman of the tool—you honker, toker, toiler.

de la misma manera que lo es Dante, cuyo nombre, dicen,
es la abreviatura de Durante, que significa Constante –escucha,
vasallo de la técnica–, bocineador, chupador, trabajador.

[A.C.]

Keyboard

A disembodied piano. The headphones allow
The one who touches the keys a solitude
Inside his music; shout and he may not turn:

Image of the soul that thinks to turn from the world.
Serpent-scaled Apollo skins the naive musician
Alive: then Marsyas was sensitive enough

To feel the whole world in a touch. In Africa
The raiders with machetes to cut off hands
Might make the victim choose, "long sleeve or short."

Shahid Ali says it happened to Kashmiri weavers,
To kill the art. There are only so many stories.
The Loss. The Chosen. And even before The Journey,

The Turning: the fruit from any tree, the door
To any chamber, but this one—and the greedy soul,
Blade of the lathe. The Red Army smashed pianos,

But once they caught an SS man who could play.
They sat him at the piano and pulled their fingers
Across their throats to explain that they would kill him

When he stopped playing, and so for sixteen hours
They drank and raped while the Nazi fingered the keys.
The great Song of the World. When he collapsed

Teclado

Un piano incorpóreo. Los auriculares le permiten
al que toca las teclas una cierta soledad
en el interior de su música; grítale y no se volverá:

la imagen de un alma que piensa dar la espalda al mundo.
Apolo en piel de serpiente despelleja vivo al músico
ingenuo: Marsias adquirió entonces sensibilidad suficiente

para sentir en cada roce el mundo entero. En África,
los invasores cargados con machetes para amputar manos
tal vez hagan elegir a la víctima «mangas largas o cortas».

Shahid Ali dice que les ocurrió a los tejedores de Cachemira:
acabar con el arte. Solo hay un cierto número de historias.
La Pérdida. El Elegido. E incluso antes El Viaje,

La Transformación: la fruta de cualquier árbol, la puerta
de cualquier aposento, menos este, y el alma codiciosa,
la cuchilla del torno. El Ejército Rojo destrozaba pianos,

pero una vez capturaron a alguien de las SS que sabía tocar.
Le sentaron al piano y con los dedos
se cruzaron la garganta para explicarle que lo matarían

cuando dejara de tocar, y así durante dieciséis horas
bebieron y violaron mientras el nazi pulsaba las teclas.
La gran Canción del Mundo. Cuando se desplomó

Sobbing at the instrument they stroked his head
And blew his brains out. Cold-blooded Orpheus turns
Again to his keyboard to improvise a plaint:

Her little cries of pleasure, blah-blah, the place
Behind her ear, lilacs in the rain, a sus-chord,
A phrase like a moonlit moth in tentative flight,

O lost Eurydice, blah-blah. His archaic head
Kept singing after the body was torn away:
Body, old long companion, supporter—the mist

Of oranges, la-la-la, the smell of almonds,
The taste of olives, her woolen skirt. The great old
Poet said, What should we wear for the reading—necktie?

Or better no necktie, turtle-neck? The head
Afloat turns toward Apollo to sing and Apollo,
The cool-eyed rainbow lizard, plies the keys.

sollozando frente al instrumento le acariciaron la cabeza
y le volaron los sesos. Orfeo despiadado regresa
de nuevo a su teclado para improvisar un planto:

los pequeños gemidos de placer de ella, bla, bla, la zona
tras su oreja, las lilas bajo la lluvia, un acorde suspendido,
una frase igual que una polilla volando indecisa a la luz de la luna,

oh perdida Eurídice, bla, bla. Su arcaica cabeza
continuaba cantando tras arrancarla del cuerpo:
el cuerpo, viejo y largo compañero, sostén, la esencia

de las naranjas, la, la, la, el aroma de los almendros,
el sabor de las aceitunas, su falda de paño. El grandísimo
anciano poeta dijo, ¿qué nos ponemos para el recital: corbata?

¿O mejor sin corbata, cuello alto? La cabeza
a flote se gira hacia Apolo para cantar y Apolo,
el lagarto de fuego de ojos gélidos, recorre las teclas.

[A.C.]

The City

I live in the little village of the present
But lately I forget my neighbors' names.
More and more I spend my days in the City:

The great metropolis where I can hope
To glimpse great spirits as they cross the street,
Souls durable as the cockroach and the lungfish.

When I was young, I lived in a different village.
We had parades: the circus, the nearby fort.
And Rabbi Gewirtz invented a game called "Baseball."

To reach first base you had to chant two lines
Of Hebrew verse correctly. Mistakes were outs.
One strike for every stammer or hesitation.

We boys were thankful for the Rabbi's grace,
His balancing the immensity of words
Written in letters of flame by God himself

With our mere baseball, the little things we knew...
Or do I remember wrong, did we boys think
(There were no girls) that baseball was the City

And that the language we were learning by rote—
A little attention to meaning, now and then—
Was small and local. The Major Leagues, the City.

La ciudad

Vivo en la pequeña aldea del presente
pero últimamente ya no sé cómo se llaman mis vecinos.

Más y más a menudo paso mis días en la Ciudad:

la gran metrópolis en la que puedo tener la esperanza
de vislumbrar imponentes espíritus cruzando la calle,
almas resistentes como la cucaracha y el pez pulmonado.

Cuando era joven, vivía en una aldea diferente.
Teníamos desfiles: el circo, el fuerte cercano.
Y el rabino Gewirtz inventó un juego llamado «Béisbol».

Para alcanzar primera base tenías que cantar correctamente
dos versos en hebreo. Los errores eran eliminaciones.
Un *strike* por cada tartamudeo o titubeo.

Los chicos dábamos gracias a la benevolencia del rabí,
cómo lograba equilibrar la inmensidad de las palabras
escritas en letras de fuego por el mismísimo Dios

con nuestro simple béisbol, con las cosillas que sabíamos...
O quizás recuerde yo mal, quizás los chicos pensábamos
(no había chicas) que el béisbol era la Ciudad

y que el lenguaje que aprendíamos a base de repetir
–con un poco de atención al significado, de vez en cuando–
era algo pequeño y local. Las Grandes Ligas, la Ciudad.

One of the boys was killed a few years later,
Wearing a uniform, thousands of miles away.
He was a stupid boy: when I was captain

If somehow he managed to read his way to first,
I never let him attempt the next two lines
To stretch it for a double. So long ago.

Sometimes I think I've never seen the City,
That where I've been is just a shabby district
Where I persuade myself I'm at the center.

Or: atrocities, beheadings, mass executions,
Troops ordered to rape and humiliate—the news,
The Psalms, the epics—what if that's the City?

Gewirtz, he told us, means a dealer in spices.
Anise and marjoram used for embalming corpses,
For preserving or enhancing food and drink:

The stuff of civilization, like games and verses.
The other night, I dreamed about that boy,
The foolish one who died in the course of war:

He pulled his chair up so he faced the wall.
I wanted him to read from the prayer-book.
He didn't answer—he wouldn't play the game.

A uno de los chicos lo mataron pocos años después,
vistiendo el uniforme, a miles de millas de distancia.
Era un muchacho estúpido: las veces que yo hacía de capitán,

si se las arreglaba para llegar hasta primera base,
nunca lo dejaba avanzar dos líneas
para forzar un doble. Hace tantísimo tiempo...

A veces creo que nunca he visto la Ciudad,
que el lugar donde he estado es solo un barrio infame
en el que me convenzo de que estoy en el centro.

O: salvajadas, decapitaciones, ejecuciones en masa,
tropas con órdenes de violar y humillar –las noticias,
los Salmos, las epopeyas–, ¿y si la Ciudad es eso?

Gewirtz, nos contó, significa mercader de especias.
Anís y mejorana para el embalsamamiento de cadáveres,
para conservar o mejorar la comida y la bebida:

la materia de la civilización, como los juegos o los versos.
La otra noche soñé con aquel muchacho,
aquel insensato que murió en la guerra:

acercaba la silla para mirar hacia la pared.
Yo pretendía que leyera del libro de oraciones.
Él no contestaba, no iba a jugar a ese juego.

[A.C.]

67

Ode to Meaning

Dire one and desired one,
Savior, sentence—

In an old allegory you would carry
A chained alphabet of tokens.

Ankh Badge Cross.
Dragon,
Engraved figure guarding a hallowed intaglio,
Jasper kinema of legendary Mind,
Naked omphalos pierced
By quills of rhyme or sense, torah-like: unborn
Vein of will, xenophile
Yearning out of Zero.

Untrusting I court you. Wavering
I seek your face, I read
That Crusoe's knife
Reeked of you, that to defile you
The soldier makes the rabbi spit on the torah.
"I'll drown my book," says Shakespeare.

Drowned walker, revenant.
After my mother fell on her head, she became
More than ever your sworn enemy. She spoke
Sometimes like a poet or critic of forty years later.
Or she spoke of the world as Thersites spoke of the heroes,
"I think they have swallowed one another. I
Would laugh at that miracle."

Oda al sentido

El funesto y el deseado,
salvador, sentenciador,

en una vieja alegoría tú llevarías
un alfabeto encadenado de símbolos.

Ansata Banda Cruz.
Dragón,
figura grabada que guarda un relieve sagrado,
cine de jaspe de Mente legendaria,
omphalos, ombligo desnudo perforado
por las plumas del ritmo o el sentido, como la Torah: innata
vena del deseo, amante de lo extraño
que anhela desde el Cero.

Desconfiado te cortejo. Dudando
busco tu rostro. Leo
que el cuchillo de Crusoe
apestaba a ti, ese que para profanarte
el soldado hizo que el rabino escupiera en la Torah.
«Ahogaré mi libro», dice Shakespeare.

Caminante ahogado, reaparecido.
Después de que mi madre perdiera su cabeza, se convirtió
más que nunca en tu enemiga declarada. Habló
a veces cual poeta o crítico de cuarenta años después.
O habló del mundo como Tersites habló de los héroes.
«Yo pienso que se tragaron uno al otro.
Me reiría de ese milagro».

You also in the laughter, warrior angel:
Your helmet the zodiac, rocket-plumed
Your spear the beggar's finger pointing to the mouth
Your heel planted on the serpent Formulation
Your face a vapor, the wreath of cigarette smoke crowning
Bogart as he winces through it.

You not in the words, not even
Between the words, but a torsion,
A cleavage, a stirring.

You stirring even in the arctic ice,
Even at the dark ocean floor, even
In the cellular flesh of a stone.

Gas. Gossamer. My poker friends
Question your presence
In a poem by me, passing the magazine
One to another.

Not the stone and not the words, you
Like a veil over Arthur's headstone,
The passage from Proverbs he chose
While he was too ill to teach
And still well enough to read, *I was*
Beside the master craftsman
Delighting him day after day, ever
At play in his presence—you

A soothing veil of distraction playing over
Dying Arthur playing in the hospital,
Thumbing the Bible, fuzzy from medication,
Ever courting your presence.

Tú también en la risa, ángel guerrero:
Tu casco el zodíaco, penacho de cohete con gases,
tu flecha el dedo del mendigo apuntando a la boca
tu tobillo plantado en la Formulación serpentina
tu rostro un vapor, la guirnalda del humo del cigarrillo coronando
a Bogart mientras a través de él se estremece.

Tú no en las palabras, ni siquiera
entre las palabras, sino una torcedura,
una hendidura, un trastorno.

Tú trastornado incluso en el hielo ártico,
incluso en el fondo oscuro del océano, incluso
en la carne celular de una piedra.

Gas, Telaraña. Mis amigos del póquer
cuestionan tu presencia
en un poema mío, pasándose la revista
el uno al otro.

Ni la piedra ni las palabras, tú
como un velo sobre la lápida de mi amigo Arturo,
el pasaje de los Proverbios que eligió
cuando estaba demasiado enfermo para enseñar
y sin embargo lo bastante bien para leer, *yo estaba
ante el maestro artesano
deleitándolo día tras día, incluso
jugando en su presencia*, tú,

velo reconfortante de distracción actuando sobre
el moribundo Arturo jugando en el hospital,
hojeando la Biblia, confuso por la medicación,
incluso coqueteando con tu presencia,

And you the prognosis,
You in the cough.

Gesturer, when is your spur, your cloud?
You in the airport rituals of greeting and parting.
Indicter, who is your claimant?
Bell at the gate. Spiderweb iron bridge.
Cloak, video, aroma, rue, what is your
Elected silence, where was your seed?

What is Imagination
But your lost child born to give birth to you?

Dire one. Desired one.
Savior, sentencer—

Absence,
Or presence ever at play:
Let those scorn you who never
Starved in your dearth. If I
Dare to disparage
Your harp of shadows I taste
Wormwood and motor oil, I pour
Ashes on my head. You are the wound. You
Be the medicine.

y tú el prognóstico,
tú en la tos.

Gesticulando, ¿cuándo llega tu estímulo, tu nube?
Tú en los rituales de aeropuerto de saludo y despedida.
Acusador, ¿quién te demanda?
Timbre en el portón, telaraña puente de hierro.
Capa, vídeo, aroma, amargura, ¿cuál es
tu silencio escogido, dónde estaba tu semilla?

¿Qué es la Imaginación
sino tu hijo perdido nacido para darte luz?

El terrible. El deseado.
Salvador, sentenciador.

Ausencia
o presencia siempre en juego:
deja que te desprecien aquellos que nunca
murieron de hambre en tu escasez. Si
me atrevo a difamar
tu arpa de sombras que siento con sabor de
ajenjo y aceite de motor, cubro
de cenizas mi cabeza. Tú eres la herida. Tú
sé la medicina.

[L.A.A.]

Food

Substance of lack, prime subtance of desire.
If you can cook like the way you walk,
Chiquita, I'll eat it down to the husk.
In Granada, Nicaragua, the logo *Fud*
Blazoned on a truck, a trademark word
Like *Häagen Dazs* in no language except
In the shadowy tongue of meanings.
A child beggar points to his mouth.
Substance of communion, substance of need.
When I was a kid the family fought over it
Nearly as much as money. Food, food, food.
My mother who refused to cook fought
Bitterly with her mother my grandmother
Who lived four doors away—I the ashamed
Child courier for delivery between two
Furious women: lukschen kugel in Pyrex.
Food, food, food: knishes in paper.
Stewed chicken in jars I carried blushing
Past judgmental all-seeing Mrs. Kravetz
Peering to watch between curtains. And,
In the rooming house between hers and Nana's,
Alcoholic housepainters and bums—
Should the government add riboflavin
Supplements to their cheap sweet wine?
Because you are lukewarm, says God, neither
Hot nor cold, I will spit you out of my mouth.
Substance of charity, and of luxury.

Comida

Sustancia de carencia, sustancia primogenia del deseo.
Si tú puedes cocinar como caminas,
chiquita, yo comería hasta la cáscara.
En Granada, Nicaragua, el logo *Fud*
desplegado en un camión, palabra de marca registrada
como *Häagen Dazs* en ningún lenguaje excepto
en la sombría lengua de los significados.
Un niño mendigo apunta a su boca.
Sustancia de comunión, sustancia de necesidad.
Cuando yo era niño mi familia peleaba por ella
casi tanto como por el dinero. Comida, comida, comida.
Mi madre que rehusaba cocinar se enfrentó
amargamente con su madre, mi abuela,
que vivía cuatro puertas más allá; y yo el avergonzado
niño emisario de los envíos entre las dos
mujeres furiosas: fideos lukschen kugel[1] en Pyrex.
Comida, comida, comida: bizcochos knishes[2] en papel.
Pollo cocido que llevaba en jarros sonrojado
pasando enfrente de la cotilla y criticona Sra. Kravetz
que espiaba con su mirada entre las cortinas. Y,
en la casa de hospedaje, entre la suya y de la Nana,
de pintores de brocha gorda y vagabundos,
¿debe el Gobierno añadir suplementos
de Riboflavina a sus baratos vinos dulces?
Porque ustedes son tibios, dice Dios, ni
calientes ni fríos, los voy a escupir desde mi boca.
Sustancia de caridad y de lujo.

---

1 Nombre yiddish de un pudin de fideos, comida típica judía. [N. del T.]
2 Pastelería típica judía. [N. del T.]

Under the Regime of the Tree of Life
No longer will the rulers ration the food
Of the people. Substance of woe mounting,
Hot honey of tears. Subtance of craving,
Salt oil of sustenance, down to the husk.

Bajo el Régimen del Árbol de la Vida
nunca más los gobernantes racionarán el alimento
del pueblo. Sustancia de un drama que crece,
miel caliente de lágrimas. Sustancia de antojo,
aceite salado de sostenimiento, hasta la cáscara.

[L.A.A.]

To Television

Not "a window on the world"
But as we call you,
A box a tube

Terrarium of dreams and wonders.
Coffer of shades, ordained
Cotillion of phosphors
Or liquid crystal

Homey miracle, tub
Of acquiescence, vein of defiance.
Your patron in the pantheon would be Hermes

Raster dance,
Quick one, little thief, escort
Of the dying and comfort of the sick,

In a blue glow my father and little sister sat
Snuggled in one chair watching you
Their wife and mother was sick in the head
I scorned you and them as I scorned so much

Now I like you best in a hotel room,
Maybe minutes
Before I have to face an audience: behind
The doors of the armoire, box
Within a box—Tom & Jerry, or also brilliant
And reassuring, Oprah Winfrey.

A la televisión

No «una ventana al mundo»
sino como te llamamos
una caja un tubo

Terrario de sueños y asombros.
Cofre de sombras, ordenado
cotillón de fosforescencias
o cristales líquidos

Milagro casero, tiesto
de consentimiento, vena de desafío.
Tu santo en el panteón sería Hermes

Danza cuadriculada,
rápida, pequeña ladrona, compañera
del agonizante y consuelo del enfermo.

En un resplandor azul mi padre y mi hermanita se sentaron
acurrucados en una silla mirándote
su esposa y su madre enferma de la cabeza
yo te desdeño y los desdeñé tanto como podía hacerlo.

Ahora te prefiero en una habitación de hotel,
acaso minutos
antes de enfrentarme al público: detrás
de las puertas del armario, caja
dentro de una caja, Tom & Jerry, o también la brillante
y reconfortante Oprah Winfrey.

Thank you, for I watched, I watched
Sid Caesar speaking French and Japanese not
Through knowledge but imagination,
His quickness, and thank you, I watched live
Jackie Robinson stealing

Home, the image—O strung shell—enduring
Fleeter than light like these words we
Remember in: they too are winged
At the helmet and ankles.

Gracias, porque vi, vi
a Sid César hablando francés y japonés, no
por el conocimiento sino por la imaginación,
su rapidez, y gracias, miré en vivo
a Jackie Robinson robando

la base, la imagen, ¡oh, caparazón encordado!, que captaba
más veloz que la luz como estas palabras en que
nos recordamos: ellos también están alados
en el casco y los tobillos.

[L.A.A.]

The Forgetting

The forgetting I notice most as I get older is really a form of
[memory:
The undergrowth of things unknown to the young, that I have
[forgotten.

Memory of so much crap, jumbled with so much that seems to
[matter.
Lieutenant Calley. Captain Easy. Mayling Soong. Sibby Sisti.

And all the forgettings that preceded my own: Baghdad, Egypt,
[Greece,
The Plains, centuries of lootings of antiquities. Obscure
[atrocities.

Imagine!—a big tent filled with mostly kids, yelling for poetry.
[In fact
It happened, I was there in New Jersey at the famous poetry
[show.

I used to wonder, what if the Baseball Hall of Fame overflowed
With too many thousands of greats all in time unremembered?

Hardly anybody can name all eight of their great grandparents.
Can you? Will your children's grandchildren remember your
[name?

You'll see, you little young jerks: your favorite music and your
[political
Furors, too, will need to get sorted in dusty electronic corridors.

El olvido

El olvido que más noto a medida que envejezco es realmente
[una forma de la memoria:
la maleza de cosas desconocidas para la juventud, que ya he
[olvidado.

La memoria de tanta basura, mezclada con otro tanto que
[pareciera importar.
Teniente Calley. El Capitán Fácil de las historietas. Mayling Soong.
[Sibby Sisti.

Y todos los olvidos que precedieron a los míos: Bagdad, Egipto,
[Grecia,
las Llanuras, siglos de robo de antigüedades. Atrocidades
[oscuras.

¡Imagínense! Una gran carpa llena de niños, gritando por la
[poesía.
De hecho ocurrió. Yo estaba allí en Nueva Jersey en el famoso
[espectáculo de poesía.

Solía preguntarme: ¿qué pasaría si el Salón de la Fama del Béisbol
[se llenase
con miles de grandes todos de camino al olvido?

Difícilmente puede uno nombrar a cada uno de sus ocho
[bisabuelos.
¿Puedes tú? ¿Los nietos de tus hijos recordarán tu nombre?

Ya verán, ustedes jovencitos tontos: su música favorita y sus
[furias
políticas, también, necesitarán ser acomodadas en polvorientos
[pasillos electrónicos.

In 1972, Zhou En-Lai was asked the lasting effects of the French
Revolution: "Too soon to tell." Remember?—or was it Mao
[Tse-Tung?

Poetry made of air strains to reach back to Begats and suspiring
Forward into air, grunting to beget the hungry or overfed Future.

Ezra Pound praises the Emperor who appointed a committee of
[scholars
To pick the best 450 Noh plays and destroy all the rest, the fascist.

The standup master Stephen Wright says he thinks he suffers from
Both amnesia and déjà vu: "I feel like I have forgotten this before."

Who remembers the arguments when jurors gave Pound the
[only prize
For poetry awarded by the United States Government? Until then.

I was in the big tent when the guy read his poem about how the
[Jews
Were warned to get out of the Twin Towers before the planes hit.

The crowd was applauding and screaming, they were happy—it
[isn't
That they were anti-Semitic, or anything. They just weren't
[listening. Or

En 1972, le preguntaron a Zhou En-lai sobre los efectos de la
[Revolución
francesa: «Demasiado pronto para dilucidar». ¿Recuerdan?
[¿O fue Mao Tse-tung?

La poesía, hecha de aire, se esfuerza en retroceder hacia los por
[engendrar, suspirando
Aire adelante, gruñendo mientras engendra el futuro del hambre
[o del hartazgo.

Ezra Pound alaba al Emperador que nombró un comité de
[académicos
para seleccionar las 450 mejores obras de Noh y destruir el resto,
[el fascista.

El sobresaliente maestro Stephen Wright dice creer sufrir
a la vez amnesia y *déjà vu*: «Siento como si hubiera olvidado esto
[antes».

¿Quién recuerda los argumentos del jurado cuando le dio a Pound
[el único premio
de poesía otorgado por el Gobierno de los Estados Unidos?
[Hasta entonces.

Yo estaba en la gran carpa cuando el tipo leyó su poema sobre
[cómo advirtieron a los judíos
de que evacuasen las Torres Gemelas antes de que los aviones se
[estrellaran.

La muchedumbre aplaudía y gritaba, estaban felices, no es que
fueran antisemitas o algo por el estilo. Simplemente no estaban
[escuchando. O

No, they were listening, but that certain way. In it comes. You hear
[it, and
That selfsame second you swallow it or expel it: an ecstasy of
[forgetting.

no; escuchaban, pero de esa cierta manera. Así llega ella.
Escuchas, y en ese mismito segundo, te la tragas o la escupes: un
[éxtasis de olvido.

[L.A.A.]

From the Childhood of Jesus

One Saturday morning he went to the river to play.
He modelled twelve sparrows out of the river clay

And scooped a clear pond, with a dam of twigs and mud.
Around the pond he set the birds he had made,

Evenly as the hours. Jesus was five. He smiled,
As a child would who had made a little world

Of clear still water and clay beside a river.
But a certain Jew came by, a friend of his father,

And he scolded the child and ran at once to Joseph,
Saying, "Come see how your child has profaned the Sabbath,

Making images at the river on the Day of Rest."
So Joseph came to the place and took his wrist

And told him, "Child, you have offended the Word."
Then Jesus freed the hand that Joseph held

And clapped his hands and shouted to the birds
To go away. They raised their beaks at his words

And breathed and stirred their feathers and flew away.
The people were frightened. Meanwhile, another boy,

The son of Annas the scribe, had idly taken
A branch of driftwood and leaning against it had broken

De la infancia de Jesús

Un sábado por la mañana se fue al río a jugar.
Modeló doce gorriones con arcilla del río

y cavó un estanque claro, con un dique de ramitas y barro.
Alrededor del estanque colocó los pájaros que había construido

parejos cual las horas. Jesús tenía cinco años. Sonrió,
como lo haría un niño que hiciese un pequeño mundo

de agua clara serena y arcilla junto a un río.
Pero se acercó cierto judío, amigo de su padre,

y regañó al niño y corrió inmediatamente hacia José
diciendo: «Ven a ver cómo tu niño ha profanado el Sabbat,

haciendo imágenes en el río en el Día del Descanso».
De manera que José fue al lugar y tomándole su muñeca

lo incriminó: «Niño, has ofendido La Palabra».
Entonces Jesús liberó la mano que José agarraba,

dio palmas y les gritó a los pájaros
que se fuesen. Ellos alzaron sus picos con sus palabras

y respiraron, sacudieron sus plumas y volaron lejos.
Las personas estaban asustadas. Entretanto, otro chico,

el hijo de Anás el Escriba, había distraídamente escogido
un ramo de madera flotante y al apoyarse contra él había roto

The dam and muddied the little pond and scattered
The twigs and stones. Then Jesus was angry and shouted,

"Unrighteous, impious, ignorant, what did the water
Do to harm you? Now you are going to wither

The way a tree does, you shall bear no fruit
And no leaves, you shall wither down to the root."

At once, the boy was all withered. His parents moaned,
The Jews gasped, Jesus began to leave, then turned

And prophesied, his child's face wet with tears:
"Twelve times twelve times twelve thousands of years

Before these heavens and this earth were made,
The Creator set a jewel in the throne of God

With Hell on the left and Heaven to the right,
The Sanctuary in front, and behind, an endless night

Endlessly fleeing a Torah written in flame.
And on that jewel in the throne, God wrote my name."

Then Jesus left and went into Joseph's house.
The family of the withered one also left the place,

Carrying him home. The Sabbath was nearly over.
By dusk, the Jews were all gone from the river.

Small creatures came from the undergrowth to drink
And foraged in the shadows along the bank.

el dique y embarrado el pequeño estanque, desparramando
las ramitas y las piedras. Entonces Jesús enfadado gritó:

«Injusto, impío, ignorante, ¿qué hizo el agua
para dañarte? Ahora tú te vas a marchitar

como lo hace un árbol, y no producirás frutos
ni hojas, tú te marchitarás hasta la raíz».

Instantáneamente, el chico quedó todo marchito. Sus padres
[gimieron,
los judíos jadearon, Jesús empezó a irse, luego regresó

y profetizó, su cara de niño húmeda con lágrimas:
«Doce veces doce veces doce mil años

antes de que estos cielos y esta tierra fueran hechos
el Creador puso una joya en el trono de Dios

con el Infierno a la izquierda y el Cielo a la derecha,
el Santuario enfrente, y atrás, una noche interminable

escapándose sin fin de una Torah escrita en llamas.
Y en esa joya del trono, Dios escribió mi nombre».

Entonces Jesús salió y se fue a la casa de José.
La familia del marchito también abandonó el lugar,

llevándolo a casa. El Sabbat casi había terminado.
Al anochecer, los judíos se habían ido todos del río.

Pequeñas criaturas salieron de la maleza para beber
y deambularon en la penumbra a lo largo de la orilla.

Alone in his cot in Joseph's house, the Son
Of Man was crying himself to sleep. The moon

Rose higher, the Jews put out their lights and slept,
And all was calm and as it had been, except

In the agitated household of the scribe Annas,
And high in the dark, where unknown even to Jesus

The twelve new sparrows flew aimlessly through the night,
Not blinking or resting, as if never to alight.

Solo en su cama en la casa de José, el Hijo
de Hombre se consumía en lágrimas hasta dormirse. La luna

subió más arriba, los judíos apagaron sus luces y durmieron,
y todo estaba calmo como lo había estado, excepto

en el agitado hogar del escriba Anás
y arriba en la oscuridad, donde, desconocidos incluso por Jesús,

los doce nuevos gorriones volaron sin rumbo durante toda la
                                              [noche,
sin parpadear ni descansar, como si nunca fueran a posarse.

                                        [L.A.A.]

Impossible to Tell

To Robert Hass and in memory of Elliot Gilbert

Slow dulcimer, gavotte and bow, in autumn,
Bashô and his friends go out to view the moon;
In summer, gasoline rainbow in the gutter,

The secret courtesy that courses like ichor
Through the old form of the rude, full-scale joke,
Impossible to tell in writing. "Bash"

He named himself, "Banana Tree:" banana
After the plant some grateful students gave him,
Maybe in appreciation of his guidance

Threading a long night through the rules and channels
Of their collaborative linking-poem
Scored in their teacher's heart: live, rigid, fluid

Like passages etched in a microscopic circuit.
Elliot had in his memory so many jokes
They seemed to breed like microbes in a culture

Inside his brain, one so much making another
It was impossible to tell them all:
In the court-culture of jokes, a top banana.

Imagine a court of one: the queen a young mother,
Unhappy, alone all day with her firstborn child
And her new baby in a squalid apartment

Imposible de contar

A Robert Hass y a la memoria de Elliot Gilbert

Lento dulcimer, gavota y arco, en otoño
Bashô y sus amigos salen a mirar la luna;
en verano, arcoíris de gasolina en la cuneta,

la secreta cortesía que corre como icor
por la versión antigua de un chiste grosero a gran escala,
imposible de contar por escrito. «Bashô»,

se llamó a sí mismo, «Platanero»: plátano
como la planta que unos alumnos le entregaron,
quizás en agradecimiento a sus consejos

al atravesar una larga noche por las reglas y canales
del poema encadenado, colectivo,
compuesto en el corazón de su profesor: vivo, rígido, fluido

como pasajes grabados en un circuito microscópico.
Elliot sabía de memoria tantos chistes
que parecían reproducirse como microbios en un cultivo

en su cerebro, cada uno dando paso a tantos otros
que era imposible poder contarlos todos:
en la cultura cortesana de los chistes, el mandamás.

Imagina una corte de un solo miembro: la reina, una madre
[joven,
desgraciada, a solas todo el día con su primogénito
y su nuevo bebé en un apartamento miserable

Of too few rooms, a different race from her neighbors.
She tells the child she's going to kill herself.
She broods, she rages. Hoping to distract her,

The child cuts capers, he sings, he does imitations
Of different people in the building, he jokes,
He feels if he keeps her alive until the father

Gets home from work, they'll be okay till morning.
It's laughter versus the bedroom and the pills.
What is he in his efforts but a courtier?

Impossible to tell his whole delusion.
In the first months when I had moved back East
From California and had to leave a message

On Bob's machine, I used to make a habit
Of telling the tape a joke; and part-way through,
I would pretend that I forgot the punchline,

Or make believe that I was interrupted—
As though he'd be so eager to hear the end
He'd have to call me back. The joke was Elliot's,

More often than not. The doctors made the blunder
That killed him some time later that same year.
One day when I got home I found a message

On my machine from Bob. He had a story
About two rabbis, one of them tall, one short,
One day while walking along the street together

de poquísimas habitaciones, de una raza distinta a sus vecinos.
Le dice al niño que va a suicidarse.
Se obsesiona, se enfurece. Con la esperanza de distraerla,

el niño juguetea, canta, hace imitaciones
de diferentes personas del edificio, bromea,
siente que si la mantiene con vida hasta que el padre

llegue del trabajo, estarán a salvo hasta mañana.
Es la risa contra el dormitorio y las pastillas.
¿Qué es él al esforzarse sino un cortesano?

Imposible de contar su total decepción.
En los primeros meses tras haber vuelto al Este
desde California, al dejar un mensaje

en el contestador de Bob, tenía la costumbre
de contarle a la cinta un chiste; y en algún momento,
solía fingir que olvidaba el final,

o pretendía que algo quizá me interrumpiera
–para que con las ansias de escuchar el final
tuviera que devolverme la llamada–. El chiste era de Elliot,

la mayoría de las veces. Los médicos cometieron el error
que le mataría algún tiempo después ese mismo año.
Un día cuando llegué a casa encontré un mensaje

de Bob en mi contestador. Era una historia
sobre dos rabinos, uno alto, el otro bajo,
un día mientras caminan juntos por la calle

They see the corpse of a Chinese man before them,
And Bob said, sorry, he forgot the rest.
Of course he thought that his joke was a dummy,

Impossible to tell—a dead-end challenge.
But here it is, as Elliot told it to me:
The dead man's widow came to the rabbis weeping,

Begging them, if they could, to resurrect him.
Shocked, the tall rabbi said absolutely not.
But the short rabbi told her to bring the body

Into the study house, and ordered the shutters
Closed so the room was night-dark. Then he prayed
Over the body, chanting a secret blessing

Out of Kabala. "Arise and breathe," he shouted;
But nothing happened. The body lay still. So then
The little rabbi called for hundreds of candles

And danced around the body, chanting and praying
In Hebrew, then Yiddish, then Aramaic. He prayed
In Turkish and Egyptian and Old Galician

For nearly three hours, leaping about the coffin
In the candlelight so that his tiny black shoes
Seemed not to touch the floor. With one last prayer

Sobbed in the Spanish of before the Inquisition
He stopped, exhausted, and looked in the dead man's face.
Panting, he raised both arms in a mystic gesture

ven el cadáver de un chino frente a ellos,
y Bob decía: perdón. Había olvidado el resto.
Por supuesto él sabía que su chiste era solo un simulacro,

imposible de contar –un desafío sin salida posible–.
Pero aquí está, tal y como Elliot me lo contó:
la viuda del muerto se acerca llorando a los rabinos,

implorándoles que, si pueden, lo resuciten.
Estupefacto, el rabino alto dice rotundamente que no.
Pero el rabino bajo le dice que lleve el cuerpo

dentro del estudio, y ordena cerrar los postigos
para que el cuarto quede a oscuras. Después reza
sobre el cuerpo, entonando una secreta letanía

sacada de la Cábala. «Levántate y respira», grita;
pero nada sucede. El cuerpo sigue inerte. Entonces
el pequeño rabino pide cientos de velas

y baila alrededor del cuerpo, cantando y rezando
en hebreo, después en yiddish, luego en arameo. Reza
en turco y en egipcio y en el idioma de la vieja Galitzia

durante casi tres horas, saltando alrededor del ataúd
a la luz de las velas de modo que sus pequeños zapatos
parecen no tocar el suelo. Con una última plegaria

gimoteada en un español anterior a la Inquisición
se detiene, agotado, y observa fijamente la cara del muerto.
Jadeando, alza los dos brazos en un místico gesto

And said, "Arise and breathe!" And still the body
Lay as before. Impossible to tell
In words how Elliot's eyebrows flailed and snorted

Like shaggy mammoths as—the Chinese widow
Granting permission—the little rabbi sang
The blessing for performing a circumcision

And removed the dead man's foreskin, chanting blessings
In Finnish and Swahili, and bathed the corpse
From head to foot, and with a final prayer

In Babylonian, gasping with exhaustion,
He seized the dead man's head and kissed the lips
And dropped it again and leaping back commanded,

"Arise and breathe!" The corpse lay still as ever.
At this, as when Bashô's disciples wind
Along the curving spine that links the renga

Across the different voices, each one adding
A transformation according to the rules
Of stasis and repetition, all in order

And yet impossible to tell beforehand,
Elliot changes for the punchline: the wee
Rabbi, still panting, like a startled boxer,

Looks at the dead one, then up at all those watching,
A kind of Mel Brooks gesture: "Hoo boy!," he says,
"Now that's what I call really dead." O mortal

y dice: «¡Levántate y respira!». Y como antes
el cuerpo sigue inerte. Imposible de contar
con palabras cómo las cejas de Elliot se estremecían y bramaban

como greñudos mamuts cuando –con el permiso
de la viuda china– el pequeño rabino entona
la loa con que debe realizar la circuncisión

y elimina el prepucio del muerto, cantando loas
en finés y en swahili, y baña el cadáver
de la cabeza a los pies, y con una oración final,

en babilónico, resoplando por el agotamiento,
toma la cabeza del muerto y le besa en los labios
y la deja caer de nuevo y apartándose de un salto ordena,

«¡levántate y respira!». El cuerpo, inerte como siempre.
Aquí, como cuando los discípulos de Bashô serpentean
a lo largo del sinuoso espinazo que une el renga

a través de las diferentes voces, que añaden cada una
una transformación más de acuerdo a las reglas
de la pausa y de la repetición, todo según un orden

y sin embargo imposible de saber con antelación,
Elliot se prepara para el remate del chiste: el pequeño
rabino, aún jadeando, como un boxeador sobresaltado,

mira al muerto, después a todos los que lo observan,
con una especie de ademán a lo Mel Brooks: «¡Oh, tío!», dice,
«eso es a lo que yo llamo estar bien muerto». Oh, mortales

Powers and princes of earth, and you immortal
Lords of the underground and afterlife,
Jehovah, Raa, Bol-Morah, Hecate, Pluto,

What has a brilliant, living soul to do with
Your harps and fires and boats, your bric-a-brac
And troughs of smoking blood? Provincial stinkers,

Our languages don't touch you, you're like that mother
Whose small child entertained her to beg her life.
Possibly he grew up to be the tall rabbi,

The one who washed his hands of all those capers
Right at the outset. Or maybe he became
The author of these lines, a one-man renga

The one for whom it seems to be impossible
To tell a story straight. It was a routine
Procedure. When it was finished the physicians

Told Sandra and the kids it had succeeded,
But Elliot wouldn't wake up for maybe an hour,
They should go eat. The two of them loved to bicker

In a way that on his side went back to Yiddish,
On Sandra's to some Sicilian dialect.
He used to scold her endlessly for smoking.

When she got back from dinner with their children
The doctors had to tell them about the mistake.
Oh swirling petals, falling leaves! The movement

poderes y príncipes de la tierra, y vosotros inmortales
Señores del abismo y la vida eterna,
Jehová, Raa, Bol-Morah, Hécate, Plutón,

¿qué tiene que ver un alma viva y brillante
con vuestras arpas y fuegos y barcas, vuestras baratijas
y pozos de humeante sangre? Canallas provincianos,

nuestros idiomas no os tocan, sois como esa madre
a la que su hijo pequeño entretenía para rogarle por su vida.
Posiblemente creció hasta convertirse en el rabino alto,

el que se lavó las manos ante todas esas bromas
desde el principio. O quizá se convirtió
en el autor de estas líneas, un renga de un solo hombre,

ese a quien le parece que es imposible
contar una historia sin rodeos. Era un procedimiento
de rutina. Cuando terminó los médicos

le dijeron a Sandra y a los niños que había sido un éxito,
pero que Elliot no iba a despertarse hasta dentro de una hora,
que deberían ir a comer algo. A los dos les encantaba discutir

de una forma que por parte de él se remontaba al yiddish,
por parte de Sandra a cierto dialecto siciliano.
Solía regañarla interminablemente por fumar.

Cuando regresó de la cena con sus hijos
los doctores les tuvieron que informar del error.
¡Oh, torbellino de pétalos, hojas caídas! El movimiento

Of linking renga coursing from moment to moment
Is meaning, Bob says in his Haiku book.
Oh swirling petals, all living things are contingent,

Falling leaves, and transient, and they suffer.
But the Universal is the goal of jokes,
Especially certain ethnic jokes, which taper

Down through the swirling funnel of tongues and gestures
Toward their preposterous Ithaca. There's one
A journalist told me. He heard it while a hero

Of the South African freedom movement was speaking
To elderly Jews. The speaker's own right arm
Had been blown off by right-wing letter-bombers.

He told his listeners they had to cast their ballots
For the ANC—a group the old Jews feared
As "in with the Arabs." But they started weeping

As the old one-armed fighter told them their country
Needed them to vote for what was right, their vote
Could make a country their children could return to

From London and Chicago. The moved old people
Applauded wildly, and the speaker's friend
Whispered to the journalist, "It's the Belgian Army

Joke come to life." I wish I could tell it
To Elliot. In the Belgian Army, the feud
Between the Flemings and Walloons grew vicious,

del renga encadenado persigue instante tras instante
su sentido, dice Bob en su libro de haikus.
Oh, torbellino de pétalos, todas las cosas vivas son fortuitas,

hojas caídas, y efímeras, y sufren.
Pero lo Universal es el objeto de cualquier chiste,
especialmente de ciertos chistes étnicos, que se estrechan

a través del embudo espiral de las lenguas y los gestos
hacia su absurda Ítaca. Hay uno
que me contó un periodista. Lo escuchó mientras un héroe

del movimiento de liberación sudafricano hablaba
a unos ancianos judíos. El brazo derecho del orador
se lo había volado un paquete-bomba de la Derecha.

Contaba a los oyentes que tuvieron que votar
por el ANC –un grupo al que los viejos judíos temían
como algo «a favor de los árabes»–. Pero empezaron a llorar

mientras el viejo y tullido luchador les contaba que su país
necesitaba que votaran por lo correcto, su voto
podría crear un país al que sus hijos pudieran volver

de Londres y Chicago. Los emocionados ancianos
aplaudieron como locos, y el amigo del orador
susurró al periodista: «Es el chiste

del Ejército Belga en vivo». Ojalá pudiera contárselo
a Elliot. En el Ejército Belga, la contienda
entre flamencos y valones se pone bastante seria,

So out of hand the army could barely function.
Finally one commander assembled his men
In one great room, to deal with things directly.

They stood before him at attention. "All Flemings,"
He ordered, "to the left wall." Half the men
Clustered to the left. "Now all Walloons," he ordered,

"Move to the right." An equal number crowded
Against the right wall. Only one man remained
At attention in the middle: "What are you, soldier?"

Saluting, the man said, "Sir, I am a Belgian."
"Why, that's astonishing, Corporal—what's your name?"
Saluting again, "Rabinowitz," he answered:

A joke that seems at first to be a story
About the Jews. But as the renga describes
Religious meaning by moving in drifting petals

And brittle leaves that touch and die and suffer
The changing winds that riffle the gutter swirl,
So in the joke, just under the raucous music

Of Fleming, Jew, Walloon, a courtly allegiance
Moves to the dulcimer, gavotte and bow,
Over the banana tree, the moon in autumn—

Allegiance to a state impossible to tell.

así que el ejército, fuera de control, funciona a duras penas.
Finalmente un comandante reúne a sus hombres
en una gran sala, para tratar las cosas directamente.

Cuadrándose, permanecen ante él. «Todos los flamencos»,
ordena, «a la pared izquierda». La mitad de los hombres
se apiña a la izquierda. «Ahora todos los valones», ordena,

«muévanse a la derecha». El mismo número se acumula
contra la pared derecha. Solamente un hombre queda
en posición de firmes en el medio: «¿Qué es usted, soldado?».

Saludando, el hombre dice, «señor, soy belga».
«¡Vaya! Eso es asombroso, cabo, ¿cómo se llama?».
Saludando otra vez, contesta, «Rabinowitz»:

un chiste que parece a primera vista una historia
sobre los judíos. Pero al igual que el renga define
un significado religioso al hacer entrar pétalos a la deriva

y hojas quebradizas que tocan y mueren y sufren
los vientos cambiantes que acarician el remolino en la cuneta,
así en el chiste, justo por debajo de la música estridente

de flamencos, judíos, valones, una lealtad cortés
pasa al dulcimer, gavota y arco,
sobre el platanero, la luna en otoño:

lealtad a un estado imposible de contar.

[A.C.]

Eurydice and Stalin

She crossed a bridge, and looking down she saw
The little Georgian boiling in a trench of blood.
He hailed her, and holding up his one good arm

He opened his palm to show her two pulpy seeds
Like droplets—one for each time she lost her life.
Then in a taunting voice he chanted some verses.

Poetry was popular in Hell, the shades
Recited lines they had memorized—forgetful
Even of who they were, but famished for life.

And who was she? The little scoundrel below her
Opened his palm again to show that the seeds
Had multiplied, there was one for every month

He held her child hostage, or each false poem
He extorted from her. He smiled a curse and gestured
As though to offer her a quenching berry.

On certain pages of her printed books
She had glued new handwritten poems to cover
The ones she was ashamed of: now could he want

Credit as her patron, for those thickened pages?
He said she was the canary he had blinded
To make it sing. Her courage, so much birdseed.

Eurídice y Stalin

Ella cruzó un puente, y al mirar hacia abajo vio
al pequeño georgiano hirviendo en una trinchera de sangre.
Él la saludó y con su brazo bueno levantado

abrió la palma de su mano para mostrarle dos semillas pulposas
como gotitas, una por cada vida que ella había perdido.
Entonces con una voz burlona él entonó algunos versos.

La poesía era popular en el Infierno, las sombras
recitaban versos con líneas que habían memorizado, olvidándose
incluso de a quién pertenecían, pero hambrientas de por vida.

Y ¿quién era ella? El pequeño sinvengüenza debajo de ella
abrió nuevamente la palma para mostrar que las semillas
se habían multiplicado, había una por cada mes

que él había tenido a su hijo como rehén, o por cada poema falso
con que la extorsionaba. Sonrió una maldición e hizo gestos
como ofreciéndole a ella una mora apetitosa.

En ciertas páginas de sus libros impresos
ella había pegado nuevos poemas escritos a mano para tapar
los que la avergozaban: ¿pudiera pretender él ahora

acreditarse como dueño de esas páginas engrosadas?
Él dijo que ella era el canario que él había cegado
para hacerlo cantar. Su valentía, mero alpiste.

Shame, endless revision, inexhaustible art:
The hunchback loves his hump. She crossed the bridge
And wandered across a field of steaming ashes.

Was it a government or an impassioned mob
That tore some poet to pieces? She struggled to recall
The name, and was it herself, a radiant O.

Vergüenza, revisión sin fin, arte infatigable:
El jorobado ama su joroba. Ella cruzó el puente
y deambuló por un campo de cenizas humeantes.

¿Fue un gobierno o una multitud apasionada
lo que hizo añicos a algún poeta? Ella se esforzaba por recordar
el nombre, y era el de ella misma, una O radiante.

[L.A.A.]

First Things to Hand

1. First Things to Hand

In the skull kept on the desk.
In the spider-pod in the dust.

Or nowhere. In milkmaids, in loaves,
Or nowhere. And if Socrates leaves

His house in the morning,
When he returns in the evening

He will find Socrates waiting
On the doorstep. Buddha the stick

You use to clear the path,
And Buddha the dog-doo you flick

Away with it, nowhere or in each
Several things you touch:

The dollar bill, the button
That works the television.

Even in the joke, the three
Words American men say

After making love. *Where*'s
The remote? In the tears

Las cosas más a mano

1. Las cosas más a mano

En la calavera sobre el escritorio.
En el nido de arañas bajo el polvo.

O en ningún lado. En las lecheras, en las barras de pan,
o en ningún lado. Y si Sócrates abandona

su casa por la mañana,
cuando regrese al atardecer

se encontrará a Sócrates esperando
en el umbral. Buda el palo

que usas para despejar el sendero,
y Buda la caca de perro que apartas

con él, en ningún lado o en todas
y cada una de las cosas que tocas:

el billete de un dólar, el botón
que enciende la televisión.

Incluso en ese chiste, las tres
palabras que dicen los americanos

después de hacer el amor. *¿Dónde
está el control remoto?* En las fisuras

In things, proximate, intimate.
In the wired stem with root

And leaf nowhere of this lamp:
Brass base, aura of illumination,

Enlightenment, shade of grief.
Odor of the lamp, brazen.

The mind waiting in the mind
As in the first thing to hand.

2. *Book*

Its leaves flutter, they thrive or wither, its outspread
Signatures like wings open to form the gutter.

The pages riffling brush my fingertips with their edges:
Whispering, erotic touch this hand knows from ages back.

What progress we have made, they are burning my books, not
Me, as once they would have done, said Freud in 1933.

A little later, the laugh was on him, on the Jews,
On his sisters. O people of the book, wanderers, *anderes*.

When we have wandered all our ways, said Raleigh, Time
Shuts up the story of our days—beheaded, his life like a book.

de las cosas, cercanas, íntimas.
En el cableado tallo sin raíces

ni hojas de esta lámpara:
base de latón, halo de luz,

esclarecimiento, sombra de tristeza.
El aroma de la lámpara, metálico.

La mente espera en la mente
igual que en la cosa que tengas más a mano.

2. Libro

Las hojas se agitan, prosperan o se marchitan, los desplegados
pliegos se abren como alas para formar el medianil.

Las páginas al pasar rozan las yemas de mis dedos con sus bordes:
el susurrante, erótico roce que esta mano conoce desde hace eones.

Cuánto hemos avanzado, están quemando mis libros y no
a mí, como habrían hecho antes, dijo Freud en 1933.

Un poco después, el chiste se volvió contra él, contra los judíos,
contra sus hermanas. Oh, gentes del libro, trotamundos, *anderes*.

Cuando todo lo hayamos recorrido, dijo Raleigh, el Tiempo
[cerrará
la historia de nuestros días, Raleigh decapitado, su vida como un
[libro.

The sound *bk:* lips then palate, outward plosive to interior stop.
Bk, bch: the beech tree, pale wood incised with Germanic runes.

Enchanted wood. Glyphs and characters between boards.
The reader's dread of finishing a book, that loss of a world,

And also the reader's dread of beginning a book, becoming
Hostage to a new world, to some spirit or spirits unknown.

Look! What thy mind cannot contain you can commit
To these waste blanks. The jacket ripped, the spine cracked,

Still it arouses me, torn crippled god like Loki the schemer
As the book of Lancelot aroused Paolo and Francesca

Who cling together even in Hell, O passionate, so we read.
Love that turns or torments or comforts me, love of the need

Of love, need for need, columns of characters that sting
Sometimes deeper than any music or movie or picture,

Deeper sometimes even than a body touching another.
And the passion to make a book—passion of the writer

El sonido *bk*: labios, luego el paladar, de oclusiva exterior a pausa
[interior.
Bk, bch: «beech tree», el haya, madera pálida tallada con runas
[germánicas.

Madera encantada. Glifos y caracteres entre tablones.
El miedo del lector a acabarse un libro, la pérdida de un mundo,

y también el miedo del lector a empezar un libro, a resultar
secuestrado por un nuevo mundo, por un espíritu o espíritus
[desconocidos.

¡Observa! Lo que tu mente no puede contener lo puedes confiar
a estos estériles espacios en blanco. La sobrecubierta rasgada, el
[lomo agrietado,

aún me excita, un dios tullido y roto igual que Loki el intrigante
como el libro de Lancelot excitaba a Paolo y Francesca

que aun en el Infierno no se separaban, oh apasionados, eso
[leímos.
El amor que me transforma o me atormenta o me consuela, amor
[por la necesidad

de amor, la necesidad por la necesidad, columnas de caracteres
[que hieren
en ocasiones más profundamente que cualquier música o
[película o pintura,

más profundamente a veces que incluso un cuerpo que toca a otro
[cuerpo.
Y la pasión de elaborar un libro, la pasión del escritor

Smelling glue and ink, sensuous. The writer's dread of making
Another tombstone, my marker orderly in its place in the stacks.

Or to infiltrate and inhabit another soul, as a splinter of spirit
Pressed between pages like a wildflower, odorless, brittle.

3. Glass

Waterlike, with a little water
Still visible swirled in the bottom:

Earth changed by fire,
Shaped by breath or pressure.

Seemingly solid, a liquid
Sagging over centuries
As in the rippled panes
Of old buildings, Time's
Viscid pawprint.

Nearly invisible.
Tumbler. Distorting,
Breakable—the splinters
Can draw blood.

Craft of the glazier.
Ancestral totem substance:
My one grandfather

que huele pegamento y tinta, sensuales. El miedo del escritor a
[elaborar
otra lápida, mi inscripción ordenadamente en su sitio en la
[estantería.

O de infiltrarse y habitar en otra alma, como una esquirla de
[espíritu
aplastada entre unas páginas como una flor silvestre, sin olor,
[quebradiza.

3. *Vidrio*

Acuoso, con un poco de agua todavía
visiblemente arremolinada en el fondo:

tierra transformada por el fuego,
moldeada por el aliento o la presión.

Aparentemente sólido, un líquido
que va combándose durante siglos
como los ondulados tablones
de los viejos edificios, la huella
viscosa del Tiempo.

Casi invisible.
Inestable. Deformante.
Rompible. Las esquirlas
pueden hacerte sangrar.

Oficio del vidriero.
Sustancia ancestral del tótem:
uno de mis abuelos

Washing store windows
With squeegee and bucket,
The other serving amber
Whiskey and clear gin over the counter,
His son my father
An optician, beveling lenses
On a stone wheel. The water
Dripping to cool the wheel
Fell milky in a pale
Sludge under the bench
Into a galvanized bucket
It was my job to empty,
Sloshing the ponderous
Blank mud into the toilet.

Obsidian, uncrystallized silicate.

Unstainable or stained.
Mirror glass, hour glass, dust:
Delicate, durable measure.

4. Jar of Pens

Sometimes the sight of them
Huddled in their cylindrical formation
Repels me: humble, erect,
Mute and expectant in their
Rinsed-out honey crock: my quiver
Of detached stingers. (Or, a bouquet
Of lies and intentions unspent.)

limpia escaparates
con una escobilla y un cubo,
el otro sirve whisky
ambarino y ginebra transparente tras la barra,
su hijo mi padre
es óptico, bisela lentes
sobre una rueda de pulir. Las gotas
de agua para enfriar la rueda
caen lechosamente como un pálido
fango bajo el banco
dentro de un cubo galvanizado
que yo me encargaba de vaciar
vertiendo el denso
lodo blanquecino en el retrete.

Obsidiana, silicato sin cristalizar.

Teñido o sin teñir.
Espejo, reloj de arena, polvo:
delicadas, duraderas formas de medida.

4. Lapicero

Algunas veces simplemente el verlos
apiñados en su cilíndrica formación
me repele: humildes, erectos,
mudos y expectantes en su
enjuagada jarra de miel: mi carcaj
de desprendidos aguijones. (O un ramillete
de mentiras y de propósitos sin usar).

Pilots, drones, workers. The Queen is
Cross. Upright lodge
Of the toilworthy, gathered
At attention as though they believe
All the ink in the world could
Cover the first syllable
Of one heart's confusion.

This fat fountain pen wishes
In its elastic heart
That I were the farm boy
Whose illiterate father
Rescued it out of the privy
After it fell from the boy's pants:
The man digging in boots
By lanternlight, down in the pit.

Another pen strains to call back
The characters of the thousand
World languages dead since 1900,
Curlicues, fiddleheads, brushstroke
Splashes and arabesques:
Footprints of extinct species.

The father hosed down his boots
And leaving them in the barn
With his pants and shirt
Came into the kitchen,
Holding the little retrieved
Symbol of symbol-making.

O brood of line-scratchers, plastic
Scabbards of the soul, you have

Pilotos, zánganos, obreros. La Reina está
molesta. La logia vertical
de los que trabajan duro, reunidos
en posición de firmes como si creyeran
que toda la tinta del mundo sería suficiente
para cubrir la primera sílaba
de toda la confusión de un corazón.

Esta gruesa estilográfica desearía
con todo su elástico corazón
que yo fuera un chico de granja
cuyo padre analfabeto
la rescata del retrete
tras haberse caído del pantalón del chico:
el hombre escarbando con sus botas
a la luz de un farol, ahí abajo en la fosa.

Otra pluma se esfuerza en recobrar
los caracteres de las miles
de lenguas del mundo que han muerto desde 1900,
florituras, espirales, salpicaduras
de pincel y arabescos:
las huellas de especies extinguidas.

El padre le da un manguerazo a las botas
y tras dejarlas en el granero
junto al pantalón y la camisa
entra en la cocina,
sosteniendo el pequeño y recuperado
símbolo de la confección de símbolos.

Oh, camada de rascadores de líneas,
vainas de plástico para el alma, habéis

Outlived the sword—talons and
Wingfeathers for the hand.

5. *Photograph*

Light-inscribed
Likeness

Vulnerable to light,
To the oils of the hand.

The paper sensitive
The dyes ephemeral

The very medium
A trace of absences.

Speed of the years
Speed of the shutter.

The child's father
Crouches level to her

With the camera and so
She crouches too.

Agile the dancer.
Little room

Of the camera, wide
Gaze of exposure—

durado más que las espadas, vosotras,
las garras y las alas de las manos.

5. *Fotografía*

Retrato
inscrito por la luz

vulnerable a la luz,
a la grasa de la mano.

El papel sensible
los pigmentos efímeros

el medio mismo
un rastro de ausencias.

Velocidad de los años
velocidad del obturador.

El padre de la niña
se agacha a su altura

con la cámara y entonces
ella también se agacha.

Ágil el bailarín.
El espacio mínimo

de la cámara, la amplia
mirada de la exposición,

Shiva the maker
Shiva the destroyer:

The flash of your hammer
Fashions the shelter.

6. Other Hand

The lesser twin,
The one whose accomplishments
And privileges are unshowy: getting to touch
The tattoo on my right shoulder.
Wearing the mitt.

I feel its familiar weight and textures
As the adroit one rests against it for a moment.
They twine fingers.

Lefty continues to experience considerable
Difficulty expressing himself clearly
And correctly in writing.

Comparison with his brother prevents him
From putting forth his best effort.

Yet this halt one too has felt a breast, thigh,
Clasped an ankle or most intimate
Of all, the fingers of a hand.

And possibly his trembling touch,
As less merely adept and confident,
Is subtly the more welcome of the two.

Shiva el hacedor
Shiva el destructor:

el destello del *flash*
crea el refugio.

6. *La otra mano*

La gemela menor,
aquella cuyos logros
y privilegios no deslumbran nunca: alcanzar a tocar
el tatuaje de mi hombro derecho.
Llevar el guante de béisbol.

Percibo su peso familiar y sus texturas
mientras la diestra se apoya un instante sobre ella.
Entrecruzan los dedos.

Zurda continúa experimentando una considerable
dificultad para expresarse clara
y correctamente al escribir.

La comparación con su hermana impide
que en nada ponga un excesivo empeño.

Y aun así esta inepta también ha sentido un pecho, un muslo,
abrazado un tobillo o lo más íntimo
de todo, los dedos de una mano.

Y posiblemente esta caricia temblorosa,
al ser menos hábil y segura de sí misma,
es sutilmente la mejor recibida de las dos.

In the Elysian Fields, where every defect
Will be compensated and the last
Will be first, this one will lead skillfully
While the other will assist.

And as my shadow stalks that underworld
The right hand too will rejoice—released
From its long burden of expectation:
The yoke of dexterity finally laid to rest.

7. Door

The cat cries for me from the other side.
It is beyond her to work this device
That I open and cross and close
With such ease when I mean to work.

Its four panels form a cross—the rood,
Impaling gatepost of redemption.
The rod, a dividing pike or pale
Mounted and hinged to swing between

One way or place and another, meow.
Between the January vulva of birth
And the January of death's door
There are so many to negotiate,

Closed or flung open or ajar, valves
Of attention. O kitty, If the doors
Of perception were cleansed
All things would appear as they are,

En los Campos Elíseos, donde cada defecto
será compensado y el último
será el primero, esta guiará diestramente
mientras la otra sirve de ayudante.

Y cuando mi sombra esté acechando ese inframundo
la mano derecha también se alegrará, liberada
de su prolongada carga de expectativas:
el yugo de la destreza finalmente enterrado.

7. Puerta

La gata me llama gimoteando desde el otro lado.
Está más allá de sus posibilidades usar este artefacto
que yo abro y atravieso y cierro
con tanta facilidad cuando tengo intención de trabajar.

Sus cuatro paneles forman una cruz: el crucifijo,
el atravesado poste de la redención.
La vara, una pica divisoria o una estaca
montada y con bisagras para mecerse de

una dirección o un lugar a otro, miau.
Entre la vulva natal de un enero
y las puertas de la muerte de otro enero
hay tantas y tantas que sortear,

cerradas o abiertas de par en par o entornadas, válvulas
de atención. Oh, gatita, si las puertas
de la percepción estuvieran despejadas
todas las cosas parecerían lo que son,

Infinite. Come in, darling, drowse
Comfortably near my feet, I will click
The barrier closed again behind you, O
Sister will, fellow mortal, here we are.

infinitas. Entra, querida, adormécete
a gusto cerca de mis pies, cerraré
la barrera otra vez detrás de ti. Oh,
hermana voluntad, compañera mortal, henos aquí.

[A.C.]

The Refinery

...our language, forged in the dark by centuries of violent
pressure, underground, out of the stuff of dead life.

Thirsty and languorous after their long black sleep
The old gods crooned and shuffled and shook their heads.
Dry, dry. By railroad they set out
Across the desert of stars to drink the world
Our mouths had soaked
In the strange sentences we made
While they were asleep: a pollen-tinted Slurry of passion and
                                                      [lapsed
Intention, whose imagined
Taste made the savage deities hiss and snort.

In the lightless carriages, a smell of snake
And coarse fur, glands of lymphless breath
And ichor, the avid stenches of
Immortal bodies.

Their long train clicked and sighed
Through the gulfs of night between the planets
And came down through the evening fog
Of redwood canyons. From the train
At sunset, fiery warehouse windows
Along a wharf. Then dusk, a gash of neon:
Bar. Black pinewoods, a junction crossing, glimpses
Of sluggish surf among the rocks, a moan
Of dreamy forgotten divinity calling and fading
Against the windows of a town. Inside
The train, a flash
Of dragonfly wings, an antlered brow.

La refinería

*...nuestro lenguaje, forjado en la oscuridad por siglos
de presión violenta, soterrado de materia de vida muerta.*

Sedientos y lánguidos después de su largo dormir negro
los viejos dioses canturreaban y barajaban y sacudían sus cabezas.
Seco, seco. En tren partieron,
a través del desierto de estrellas, a beber el mundo
que nuestras bocas habían empapado
de las frases extrañas que nosotros construimos
mientras ellos dormían: teñidas de polen, un limo de pasión y una
                                                              [deslizada
intención, cuyo imaginado
sabor hizo que las divinidades salvajes silbaran y roncaran.

En los carruajes sin luz, un olor de serpiente
y piel tosca, glándulas de aliento sin linfas
y la sangre suprema, el tufo ávido
de los cuerpos inmortales.

El largo tren daba chasquidos y suspiraba
por los golfos de la noche entre los planetas
y descendió por la niebla vespertina
de los cañones de las secuoyas. Desde el tren,
a la caída del sol, ventanas ardientes de bodegas
a lo largo del muelle. Luego el crepúsculo, un tajo de neón:
Bar. Bosque de pinos negros, un cruce, vistazos
de un oleaje perezoso entre las rocas, un quejido
de una divinidad olvidada, soñolienta, que llamaba y palidecía
contra las ventanas de un pueblo. Dentro
el tren, un *flash*
de alas de libélula, el asta de una ceja.

133

Black night again, and then
After the bridge, a palace on the water:

The great Refinery—impossible city of lights,
A million bulbs tracing its turreted
Boulevards and mazes. The castle of a person
Pronounced alive, the Corporation: a fictional
Lord real in law.

Barbicans and torches
Along the siding where the engine slows
At the central tanks, a ward
Of steel palisades, valved and chandeliered.

The muttering gods
Greedily penetrate those bright pavilions—
Libation of Benzene, Naphthalene, Asphalt,
Gasoline, Tar: syllables
Fractioned and cracked from unarticulated

Crude, the smeared keep of life that fed
On itself in pitchy darkness when the gods
Were new—inedible, volatile
And sublimated afresh to sting
Our tongues who use it, refined from oil of stone.

The gods batten on the vats, and drink up
Lovecries and memorized Chaucer, lines from movies
And songs hoarded in mortmain: exile's charms,
The basal or desperate distillates of breath
Steeped, brewed and spent

Noche negra de nuevo, y entonces,
después del puente, un palacio sobre el agua:

La gran Refinería, ciudad imposible de luces,
un millón de lámparas trazando sus guarnecidos
bulevares y laberintos. El castillo de una persona
declarada con vida, la Corporación: un ficticio
Señor auténtico ante la ley.

Barbacanas y antorchas
a lo largo del costado donde la máquina se frena
ante los tanques centrales, una sala
de acantilados de acero, envalvulados e iluminados.

Los dioses murmuradores
avaramente penetran esos pabellones brillantes,
Libación de Bencina, Naftalina, Asfalto,
Gasolina, Alquitrán: sílabas
fraccionadas y agrietadas del crudo

inarticulado, la sucia mazmorra de vida que se alimenta
de sí misma en la oscuridad alquitranada donde los dioses
eran nuevos, incomibles, volátiles
y sublimados otra vez para picar
nuestras lenguas que lo usan, refinados del aceite de piedra.

Los dioses cierran con cerrojo los estanques y beben
gemidos de amor y un Chaucer memorizado, frases de películas,
canciones amontonadas en manos muertas: embrujos de exilios,
las basales o desesperadas destilaciones del aliento,
empapado, fermentado, agotado

As though we were their aphids, or their bees,
That monstered up sweetness for them while they dozed.

como si fuéramos sus pulgones o sus abejas
que diseñaron un monstruo de dulzura para ellos mientras
[dormitaban.

[L.A.A.]

El burro es un animal

We kids in the Dumb Class weren't allowed to enroll for French
So instead we learned the difference between *ser* and *estar*.

...A few hours before the circus, a yellow-haired midget father
In white suit cursed me for being in his family tent-yard,

Where I had wandered. He was my size. Another
                              [misunderstanding.
We weren't that stupid. And I was curious about the circus.

My friends and I were earning free tickets to the circus—
For helping set up chairs in the bigtop.

¿Es larga la historia? The language of Cervantes and Góngora was
Suitable for *nosotros,* being *bobos.* There are two kinds of *being.*

Fidel Castro was staying at the Therese Hotel in Harlem.
He brought live chickens to eat, because they were safe.

What are these fucking motherfucking kids doing here, God
Damn it to the son of a bitch fucking cocksucking Hell?

Ya las gaviotas abren sus alas para volar, the young swallows or
                                                    [gulls
Are opening their wings to fly. We were stupid. He was small.

El burro es un animal

Nosotros, chicos de la Clase de los Bobos no podíamos
                              [inscribirnos en Francés,
por eso en cambio aprendimos la diferencia entre *ser* y *estar*.

...Unas horas antes de que el circo empezara, un padre enano rubio
vestido con un traje blanco me insultó por estar en su patio
                                        [familiar,

donde me había extraviado. Él era de mi estatura. Otro
                                  [malentendido.
No éramos tan estúpidos. Y yo tenía curiosidad por el circo.

Mis amigos y yo nos ganábamos entradas gratuitas para el circo,
ayudando a acomodar las sillas en la carpa.

¿Es larga la historia? El idioma de Cervantes y Góngora era
adecuado para *nosotros*, siendo *bobos*. Hay dos tipos de *ser*.

Fidel Castro se quedaba en el Hotel Teresa en Harlem.
Trajo pollos vivos para comer, porque eran seguros.

¿Qué chinga'os están haciendo aquí estos pinches chamacos,
                              [chingada madre,
hijo de puta, chupavergas?

Ya las gaviotas abren sus alas para volar, las jóvenes gaviotas o
                                        [golondrinas
están abriendo sus alas para volar. Éramos estúpidos. Él era
                                  [pequeño.

He was a scowling angel all dressed in white, wingless, his hair,
I realize now it was dyed, like yellow candy over his pink
                                                    [forehead.

Was and was. When Salvador Allende was elected President, what
Was the name of that honorable general killed by the CIA?

Be the fucking Hell out of here you little shit sons of bitches, Jesus
Christ, before I put my foot up your goddamned fucking asses.

You are sick, the door is closed, Maria is tired, the apple is still
                                                    [green.
The apple is green, Juan is intelligent, she is serious, the story is
                                                    [long.

Él era un ángel ceñudo vestido de blanco, sin alas, su cabello,
me doy cuenta ahora, estaba teñido como caramelo amarillo
[sobre su frente rosada.

Era y *estaba*. Cuando Salvador Allende fue elegido presidente, ¿cuál
era el nombre de aquel honorable general asesinado por la CIA?

Chinguen a su madre y lárguense, pendejos culeros. Por Jesucristo,
antes de que les ponga un pie sobre su jodido culo de mierda.

Ustedes están enfermos, la puerta está cerrada, María está cansada,
[la manzana aún está verde.
La manzana es verde, Juan es inteligente, ella es seria, la historia es
[larga.

[L.A.A.]

Sayings of the Old

One of them said of mules: A creature willing
To labor for you patiently many years,
Just for the privilege to kick you once.

Few men are good as their fathers, said another,
And most are worse, in the entropy of time,
Though some have said, My child—I am well traded!

One I know said to his son, So now we see you
On television: you're a celebrity now—
But then, you've been a celebrity all your life.

Something inside them, patient as a mule
That pulls the plow of being through the decades,
Has watched the stalks of fashion rise and fall.

"Celebrity" may have meant "I think my wife
Always has treated you better than me."
The Ibo say, An old man sitting down

Can see more things than a young man standing up.
But sooner or later, the mule kicks all alike:
The young, the old, the stalks of crops and weeds.

One hates the sanctimonious Buddha-goo
But loves to meditate. To think one word
And the breath balanced on its floor of muscle

Dichos de los viejos

Uno de ellos dictaminó acerca de las mulas: una criatura dispuesta
a trabajar para ti pacientemente durante muchos años,
solo por el privilegio de patearte una vez.

Pocos hombres son tan buenos como sus padres, dijo otro,
y la mayoría son peores en la entropía del tiempo,
aunque algunos han confesado: ¡Mi hijo, en ti he mejorado!

Alguien que conozco le mencionó a su hijo: así que ahora te vemos
en televisión: ahora tú eres una celebridad,
pero de hecho, has sido una celebridad toda tu vida.

Algo dentro de ellos, paciente como una mula
que tira el arado del existir a través de las décadas,
ha visto a los talles de la moda destacarse y sucumbir.

«Celebridad» pudo haber significado «creo que mi esposa
siempre te ha tratado a ti mejor que a mí».
El proverbio Ibo: Un viejo sentado

puede ver más cosas que un joven de pie.
Pero tarde o temprano, la mula los patea a todos por igual:
al joven, al viejo, a las espigas de cosecha y a la mala hierba.

Uno odia al santurrón Budarra
pero ama el meditar. Para pensar una palabra
y el aliento equilibrado en el suelo del músculo

Falling and rising like years. The brain-roof chatter
Settling among the eaves. All falling and rising
And falling again in the calm brute rhythm of hooves.

cayendo y levantándose como los años. La charlatanería del techo
[del cerebro
asentándose entre los aleros. Todos cayéndose y levantándose
y cayendo nuevamente en el calmo ritmo bruto de las pezuñas.

[L.A.A.]

NY Samba

The Hudson's not a river but an estuary. *Palisades Park*
Was a hit song, then a jingle, or was it the other way round?

What's the difference? Or is it a difference O City of
Makers, among measures of freedom & commerce? It is

So a river because it is The Hudson River. In the same
Restaurant where Dick Powell ate with Veronica Lake,

Al Pacino shoots Sterling Hayden so that he falls face first
Into his spaghetti—making the place still more desirable to

Viewers from the sticks. We're stunned too by live reindeer
In Bloomie's window. Santa Claus is pulled by caribou.

On the screen an old Eskimo with a caribou-bone needle
And thread of caribou sinew stitches together a raincoat

From strips of caribou gut. "You make use of every part
Of the caribou?"—the filmmaker's voice. The old guy

Smiles answering in Inuit while we wait for the subtitle—
"Everything but the shit!"—laughing as he keeps sewing:

Like a City answer, that profane assurance & fatalism.
A Canal Street herbalist sells tincture of caribou droppings

Samba de NY

El Hudson no es un río sino un estero. *Palisades Park*,
¿una canción exitosa y luego una melodía, o al revés?

¿Cuál es la diferencia? ¿O existe diferencia alguna, oh, Ciudad de
Hacedores, dentro de las medidas de libertad y comercio? Es

entonces un río porque es el Río Hudson. En el mismo
restaurante donde comió Dick Powell con Verónica Lake

Al Pacino balea a Sterling Hayden de manera que caiga de cara
contra sus espagueti, haciendo el lugar más apetecible a los

espectadores de los campos. Estamos pasmados por los renos
                                                              [vivos
en la ventana de Bloomie. A Santa Claus lo arrastra un caribú.

En la pantalla un viejo esquimal con una aguja de hueso de caribú
y un hilo de tendón de caribú cose un impermeable

con pedazos de las vísceras del caribú. «¿Utiliza uno cada parte
del caribú?», la voz del cineasta. El viejo

sonríe respondiendo en esquimal durante la espera del subtítulo.
«Todo menos la mierda», riéndose mientras continúa cosiendo:

como una respuesta de la City, esa seguridad y fatalismo profanos.
Un herbolista de la calle del Canal vende tintura de excremento de
                                                              [caribú

For your cancer or your orchids. City of healers & cheaters.
Streets of sowers & killers, weavers & reapers. In front of

Goan Foods the vender of girly lighters & bargain
CDs is dickering with his customer. They were born on

Different continents & the CD is not shit, it is the many-
Rooted music of the great Brazilian, Caetano Veloso.

para tu cáncer o tus orquídeas. Ciudad de curanderos y
[embusteros.
Calles de sembradores y asesinos, tejedores y aprovechados. En
[frente de

Goan Foods, el vendedor de encendedores femeninos y CDs
de ganga está regateando con su comprador. Nacieron

en continentes distintos y el CD no es mierda, contiene la música
de raíces múltiples del gran brasileño Caetano Veloso.

[L.A.A.]

Antique

I drowned in the fire of having you, I burned
In the river of not having you, we lived
Together for hours in a house of a thousand rooms
And we were parted for a thousand years.
Ten minutes ago we raised our children who cover
The earth and have forgotten that we existed.
It was not maya, it was not a ladder to perfection,
It was this cold sunlight falling on this warm earth.

When I turned you went to Hell. When your ship
Fled the battle I followed you and lost the world
Without regret but with stormy recriminations.
Someday far down that corridor of horror the future
Someone who buys this picture of you for the frame
At a stall in a dwindled city will study your face
And decide to harbor it for a little while longer
From the waters of anonymity, the acids of breath.

Antigüedad

Me ahogué en el fuego de tenerte, me quemé
en el río de no tenerte, vivimos
juntos durante horas en una casa de mil habitaciones
y nos separamos durante miles de años.
Hace diez minutos criamos a nuestros hijos que abarcan
la tierra y se han olvidado de que nosotros existimos.
No era una diosa de ilusiones, no era una escalera hacia la
[perfección,
era esta fría luz solar cayendo sobre la tierra tibia.

Cuando me di la vuelta te fuiste al Infierno. Cuando tu nave
huyó de la batalla yo te seguí y perdí el mundo
sin lamentarme pero con recriminaciones tormentosas.
Algún día bien al fondo de aquel pasillo de horror el futuro
alguien que compre este retrato de ti por el marco
en un puesto de una ciudad disminuida estudiará tu rostro
y decidirá protegerlo un poco de tiempo más
de las aguas del anonimato, los ácidos del aliento.

[L.A.A.]

The Want Bone

The tongue of the waves tolled in the earth's bell.
Blue rippled and soaked in the fire of blue.
The dried mouthbones of a shark in the hot swale
Gaped on nothing but sand on either side.

The bone tasted of nothing and smelled of nothing,
A scalded toothless harp, uncrushed, unstrung.
The joined arcs made the shape of birth and craving
And the welded-open shape kept mouthing O.

Ossified cords held the corners together
In groined spirals pleated like a summer dress.
But where was the limber grin, the gash of pleasure?
Infinitesimal mouths bore it away,

The beach scrubbed and etched and pickled it clean.
But O I love you it sings, my little my country
My food my parent my child I want you my own
My flower my fin my life my lightness my O.

El hueso del querer

La lengua de las olas tocó la campana de la tierra.
El azul se rizó y empapó en el fuego del azul.
Los huesos secos de la mandíbula de un tiburón en la depresión
[caliente
boquearon sobre nada más que la arena a cada lado.

El hueso sabía a nada y olía a nada,
un arpa sin dientes, sin aplastar, desencordada.
Los arcos conjuntos dibujaban la forma del nacimiento y el antojo
y la forma abierta soldada seguía articulando O.

Cuerdas osificadas mantenían juntas las esquinas
en espirales de ingles plegadas como un vestido de verano.
Pero ¿dónde estaba la ágil sonrisa amplia, el corte del placer?
Bocas infinitesimales zarparon hacia la lejanía,

la playa refregada y grabada y encurtida limpia.
Pero O te amo, canta, mi pequeño mi país,
mi comida mi padre mi niño te quiero para mí mismo
mi flor mi aleta mi vida mi luminosidad mi O.

[L.A.A.]

Dying

Nothing to be said about it, and everything
The change of changes, closer or further away:
The Golden Retriever next door, Gussie, is dead,

Like Sandy, the Cocker Spaniel from three doors down
Who died when I was small; and every day
Things that were in my memory fade and die.

Phrases die out: first, everyone forgets
What doornails are; then after certain decades
As a dead metaphor, "dead as a doornail" flickers

And fades away. But someone I know is dying—
And though one might say glibly, "everyone is,"
The different pace make the difference absolute.

The tiny invisible spores in the air we breathe,
That settle harmlessly on our drinking water
And on our skin, happen to come together

With certain conditions on the forest floor,
Or even a shady corner of the lawn—
And overnight the fleshy, pale stalks gather,

The colorless growth without a leaf or flower;
And around the stalks, the summer grass keeps growing
With steady pressure, like the insistent whiskers

Morir

Nada que decir sobre ello, y todo
el cambio de los cambios, más cerca o más lejos:
el golden retriever de al lado, Gussie, ha muerto,

como Sandy, el cocker spaniel tres puertas más abajo
que murió cuando yo era pequeño; y cada día
cosas que estuvieron en mi memoria se apagan y mueren.

Las frases se extinguen: primero, todo el mundo olvida
qué es un roblón; después tras ciertas décadas
en una metáfora obsoleta, «muerto como un roblón» parpadea

y se disipa. Pero alguien que conozco está muriéndose,
y aunque uno podría decir embaucadoramente, «como todos»,
el ritmo diferente hace que la diferencia sea absoluta.

Las pequeñas y visibles esporas en el aire que respiramos,
que se posan inofensivas en nuestros vasos de agua
y en nuestra piel, por casualidad se juntan

bajo ciertas condiciones sobre el suelo del bosque,
o incluso en cierto rincón en sombra del césped,
y durante la noche los carnosos, pálidos tallos se congregan,

el incoloro crecimiento sin una flor ni hoja;
y alrededor de los tallos, la hierba sigue creciendo
con presión firme, como los pelillos insistentes

That grow between shaves on a face, the nails
Growing and dying from the toes and fingers
At their own humble pace, oblivious

As the nerveless moths, that live their night or two—
Though like a moth a bright soul keeps on beating,
Bored and impatient in the monster's mouth.

que crecen en la cara entre afeitados, las uñas
creciendo y muriendo en los pies y los dedos
con su propio y modesto ritmo, inconscientes

como las sosas polillas, que viven una noche o dos,
aunque como una polilla un alma brillante continúa latiendo,
aburrida e impaciente en la boca del monstruo.

[A.C.]

Grief

I don't think anybody ever is
Really divorced, said Lenny. Also,
I don't think anybody ever is
Really married, he said. Because

English was really his second language
And because of Yiddish and its displaced
Place in the world, he never really
Believed in his own prose. He wrote

Sentences as a great boxer moves.
Near the end he said "I'm in Hell"—
Something he might have said about
Hunting for a parking space in Berkeley.

Mike too was himself. His last month,
Too weak to paint or make prints,
He sat and made drawings of flowers:
Ink attentive to rhythms of beach rose,

Wisteria, lily—forms like acrobats
Or Cossack dancers. Mike had a vision
Of his body dead on his studio floor
Seen from high above—he didn't feel sad

Or afraid at seeing it, he said, just
Sorry for the person who would find it.
You can't say nobody ever really dies:
Of course they do: Lenny died. Mike died.

Luto

No creo que alguien alguna vez se llegue a
divorciar realmente, dijo Lenny. Tampoco
creo que alguien permanezca siempre
realmente casado, afirmó. Porque

el inglés era realmente su segundo idioma
y a causa del yiddish y su desplazado
lugar en el mundo, él nunca realmente
creyó en su propia prosa. Escribió

frases tan grandes como movimientos de boxeador.
Hacia el final dijo: «Estoy en el Infierno»,
algo que hubiese dicho sobre
la búsqueda de un lugar de estacionamiento en Berkeley.

Mike también era él mismo. Su último mes,
demasiado débil para pintar o sacar copias,
se sentó e hizo dibujos de flores:
tinta alerta a los ritmos de una rosa playera,

glicina, lirio... formas como acróbatas
o bailarines cosacos. Mike tenía una visión
de su cuerpo muerto en el piso de su estudio
visto desde bien arriba; no se sentía triste

o con miedo observándolo, comentaba, simplemente
apenado por la persona que lo descubriera.
Tú no puedes decir que alguien alguna vez en realidad muera:
por supuesto que ocurre: Lenny murió. Mike murió.

But the odd thing is, the person still makes
A shape distinct and present in the mind
As an object in the hand. The presence
In the absence: it isn't comfort—it's grief.

Pero lo curioso es que la persona todavía produce
una figura nítida y presente en la mente
como un objeto en la mano. La presencia
en la ausencia: no es consuelo, es luto.

[L.A.A.]

Discretions of Alcibiades

First frost is weeks off, but the prudent man
With house-plants on his front porch marks the season
And moves the potted ficus back indoors

While windows can be open for a while.
(The plant prefers a gradual transition.)
—The kid who did his homework, washed his face

And never wore tight pants, kept cherry bombs
And nasty photos in his briefcase (think:
A seventh-grader with a briefcase)—Hantman,

In Student Council with his red-hot bag:
His picture of a lady on all fours,
A Great Dane on her back, was not for sale.

And though he may have sold a bomb or two,
And must have set some off, I like to think
He preferred, like Presidents, their deep reserve.

Speaking of gradual transitions, "plant
Prefers" of course is only an expression.
You might say that the plant prefers to die,

Or wishes it were home, in Borneo,
Preferring never to have seen a window.
The stars are similar: "The wheeling Bear,

Criterios de Alcibíades

La primera helada está muy lejos, pero el hombre prudente
con plantas de interior en el porche vislumbra el cambio,
y traslada la maceta del ficus de nuevo al interior

a la vez que deja las ventanas abiertas por un tiempo.
(La planta prefiere transiciones paulatinas).
El niño que hacía sus deberes, se lavaba la cara

y nunca vistió pantalones ajustados, guardaba petardos
y repugnantes fotos en su maletín (piénsalo:
uno de séptimo curso con maletín). Hantman,

en el Consejo Escolar con su mochila rojo brillante:
su foto de una dama a cuatro patas,
un gran danés a la espalda, no estaba a la venta.

Y aunque puede que vendiera un petardo o dos,
y que hubiera encendido la mecha de unos cuantos, me gusta
                                                    [pensar
que prefería, como los presidentes, sus profundas reservas.

Hablando de transiciones paulatinas, «la planta
prefiere» es por supuesto solo una expresión.
Podrías decir que la planta prefiere morir

o que desearía estar en casa, en Borneo,
que preferiría no haber visto nunca una ventana.
Las estrellas son parecidas: «La Osa Mayor,

One white eye on the Pleiads, rolls another
At glowering Orion." Autumn stars.
On this first chilly dusk, a furry bat,

Warm-blooded, dips and flutters in the sky.
(Some constellations might be called, "The Bat.")
The roles are arbitrary too. The man

Who sleeps with Socrates and Leonte's wife,
Who knocks the cocks from his own effigies,
Or not, simply prefers—to use another

Expression—to hide his briefcase in a bomb.
Consider gods and heroes, how they merge:
(I speak as one believing in the gods,

Especially in quick, reflective Hermes,
So sensitive and practical—like a thief,
Or like long-suffering, shrewd Odysseus.)

Apollo, sullen and glamorous obverse
Of Hermes, shrouds himself in dark, or shines,
Like bold Achilles in his tent—or out,

As he prefers. All one. Tithonus, too,
And Alcibiades, balling Lady Luck
Until she dried him up. When people say

"How was your summer?" who is there alive
Who wouldn't like to change sides, go to Sparta
Like Alcibiades, cut your hair, live clean...

un ojo blanco en las Pléyades, pone el otro
en el ceñudo Orión». Estrellas otoñales.
En este primer atardecer frío, un murciélago peludo,

de sangre caliente, desciende y revolotea en el cielo.
(Algunas constelaciones podrían llamarse «El Murciélago»).
Los papeles también son arbitrarios. El hombre

que duerme con Sócrates y la mujer de Leonte,
que rompe las vergas de sus propias efigies,
o no, que simplemente prefiere, por usar otra

expresión, esconder su maletín en una bomba.
Considera los dioses y los héroes, cómo coinciden
(hablo como alguien que cree en los dioses,

especialmente en el agudo, reflexivo Hermes,
tan sensible y práctico, semejante a un ladrón,
o como el largamente sufrido, astuto Odiseo):

Apolo, el hosco y sofisticado anverso
de Hermes, se oculta en la oscuridad, o en templos,
como el audaz Aquiles en su tienda o fuera,

como él escoja. Todos uno. Titono, también,
y Alcibíades, que se tira a Fortuna
hasta que se queda seco. Cuando la gente dice:

«¿Qué tal fue el verano?», quién que esté vivo
no querría cambiar de bando, ir a Esparta
como Alcibíades, cortarse el pelo, vivir limpiamente...

And then knock up the king's wife on the sly.
That's where the inner briefcase is revealed:
He hoped his heir would be the King of Sparta—

More screwing with Fortuna, man with goddess
From a god's point of view, it is perhaps
Disgusting, if exciting in a way,

Like a dog doing a lady from behind.
The sundry dogs from along the road prefer
To conduct ferocious gang-fucks in a field:

Dogs only, in the end-of-summer fest.
But people, on Cape Cod, the Costa Brava,
Borneo, emulate gods and goddesses:

Rubbing their skin with oil, they sun it brown
Until they all are Spaniard, Jew or Greek—
Wear sandals; ply their boat; keep simple house

Cooking red meat or fish on open fires;
Market for salt; and dance to tinkly music.

Y después a hurtadillas hacerle un bombo a la mujer del rey.
Ahí es donde el maletín interior es revelado:
esperaba que su heredero fuera rey de Esparta.

Joder más con Fortuna, un hombre y una diosa
desde el punto de vista de un dios, posiblemente es
asqueroso, aunque excitante de alguna manera,

como un perro dándole a una dama por detrás.
Los diversos perros que hay por la carretera prefieren
mantener orgías feroces en un campo:

solo se admiten perros, en la fiesta del final del verano.
Pero la gente, en Cabo Cod, en la Costa Brava,
en Borneo, imita a los dioses y a las diosas:

frotándose la piel con aceite, se doran al sol
hasta que todos son hispanos, judíos o griegos,
calzan sandalias, navegan en sus barcas, ocupan casas sencillas,

cocinan carne roja o pescado en las hogueras,
comercian con sal, y bailan al son de la tintineante música.

[A.C.]

Tennis

To Howard Wilcox

1. The Service

The nerve to make a high toss and the sense
Of when the ball is there; and then the nerve
To cock your arm back all the way, not rigid

But loose and ready all the way behind
So that the racket nearly or really touches
Your back far down; and all the time to see

The ball, the seams and letters on the ball
As it seems briefly at its highest point
To stop and hover—keeping these in mind,

The swing itself is easy; forgetting cancer,
Or panic learning how to swim or walk,
Forgetting what the score is, names of plants,

And your first piece of ass, you throw the racket
Easily through Brazil, coins, mathematics
And haute cuisine to press the ball from over

And a slight slice at two o'clock or less,
Enough to make it loop in accurately
As, like a fish in water flicking itself

Away, your mind takes up the next concern
With the arm, ball, racket still pressing down
And forward and across your obedient body.

Tenis

A Howard Wilcox

1. *El servicio*

Coraje para lanzarla alta y sensibilidad
para saber cuándo está ahí la pelota; y después el coraje
de amartillar atrás el brazo hasta el final, no rígido

sino suelto y dispuesto hacia atrás de tal manera
que la raqueta casi o realmente toca
tu espalda bien abajo; y todo el tiempo para contemplar

la pelota, las costuras y las letras de la pelota
mientras brevemente en el punto más alto parece
que se detiene y flota; una vez tenido esto en cuenta,

el golpe en sí es fácil; olvidando el cáncer,
o el pánico a aprender a nadar o a andar,
olvidando el marcador, ciertos nombres de plantas,

y tu primera chava buena, lanzas la raqueta con facilidad
a través de Brasil, el dinero, las matemáticas
y la *haute cuisine* para ejercer presión en la pelota por encima

y un ligero efecto a las dos en punto o quizá menos,
lo suficiente para hacerla curvarse con precisión
mientras, como un pez que da un coletazo en el agua

para marcharse, tu mente asume la siguiente faena
del brazo, la pelota, la raqueta todavía hacia abajo
y hacia delante y cruzada respecto a tu obediente cuerpo.

2. Forehand

Straightforwardness can be a cruel test,
A kind of stagefright threatening on the cold
And level dais, a time of no excuses.

But think about the word *stroke*, how it means
What one does to a cat's back, what a brush
Does through a woman's long hair. Think about

The racket pressing, wiping, guiding the ball
As you stay on it, dragging say seven strings
Across the ball, the top edge leading off

To give it topspin. Think about the ball
As a loaf of bread, you hitting every slice.
Pull back the racket well behind you, drop it

And lift it, meeting the ball well out in front
At a point even with your left hip, stroking
To follow through cross-court. The tarnished coin

Of *follow through*, the cat, the loaf of bread,
"Keep your eye on the ball," the dull alloy
Of homily, simile and coach's lore

As maddening, and as helpful, as the Fool
Or Aesop's Fables, the coinage of advice:
This is the metal that is never spent.

2. *La derecha*

La rectitud puede ser una prueba cruel,
una suerte de miedo escénico que amenace en la fría
y rasa tarima, un momento que no admite excusas.

Pero piensa en la palabra *roce*[3], en que significa
lo que uno le hace al lomo de un gato, lo que un cepillo
hace con el largo cabello de una mujer. Piensa en

la raqueta que presiona, sacude, guía la pelota
mientras la rozas, arrastrando digamos siete cuerdas
por la pelota, la parte superior yendo por delante

para darle efecto. Piensa que la pelota
es una barra de pan, piensa que golpeas cada rebanada.
Sujeta la raqueta bien hacia atrás, déjala caer

y levántala, alcanza la pelota delante y de frente
en un punto alineado con tu cadera izquierda, golpea
y acompáñala al otro lado. La pulida acuñación

del *acompáñala*, el gato, la barra de pan,
«mantén la vista en la pelota», la aleación mate
del sermón, del símil y la sabiduría del entrenador

tan exasperante, y tan útil, como el Loco
o las *Fábulas* de Esopo, las acuñaciones de los consejos:
estos son los metales que no se gastan nunca.

---

3   El juego de palabras es intraducible al español. *Stroke*, en inglés, significa tanto un golpe
    dado a una pelota como caricia. [N. del T.]

3. Backhand

Here, panic may be a problem; and in the clench
From back to jaw in panic you may come
Too close and struggling strike out with your arm,

Trying to make the arm do everything,
And failing as the legs and trunk resist.
All of your coinages, and your nerve, may fail—

What you need is the Uroborus, the serpent
Of energy and equilibrium,
Its tail between its jaws, the female circle

Which makes it easy: all is all, the left
Reflects the right, and if you change the grip
To keep your hand and wrist behind the racket

You suddenly find the swing is just the same
As forehand, except you hit it more in front
Because your arm now hangs in front of you

And not behind. You simply change the grip
And with a circular motion from the shoulder,
Hips, ankles, and knees, you sweep the inverted swing.

4. Strategy

Hit to the weakness. All things being equal
Hit crosscourt rather than down the line, because
If you hit crosscourt back to him, then he

3. *El revés*

Aquí el pánico puede ser un problema; y con la crispación
desde la espalda a la mandíbula quizá te acerques
demasiado y con esfuerzo arremetas con el brazo,

intentando que sea el brazo el que lo haga todo,
y fracases cuando las piernas y el tronco se resistan.
Todas tus acuñaciones, y el coraje, pueden fracasar...

Lo que necesitas es el Uróboros, la sierpe
de la energía y el equilibro,
la cola entre las mandíbulas, el círculo femenino

que lo simplificará: todo es todo, la izquierda
refleja la derecha, y si cambias la empuñadura
para mantener la mano y la muñeca tras la raqueta

te encontrarás de repente que el golpe es el mismo
de la derecha, aunque el impacto se produce más adelante
porque el brazo ahora está suspendido delante

y no detrás. Simplemente cambias la empuñadura
y con un movimiento circular del hombro,
las caderas, los tobillos y las rodillas, realizas el golpe invertido.

4. *La estrategia*

Ataca su punto débil. Si las cosas están igualadas,
ataca con un cruzado más que con un paralelo, porque
si le devuelves el golpe con un cruzado, entonces

Can only hit back either towards you (crosscourt)
Or parallel to you (down the line), but never
Away from you, the way that you can hit

Away from him if he hits down the line.
Besides, the net is lowest in the middle,
The court itself is longest corner-to-corner,

So that a crosscourt stroke is the most secure,
And that should be your plan, the plan you need
For winning—though only when hitting from the baseline:

From closer up, hit straight ahead, to follow
The ball to net; and from the net hit shrewdly,
To get him into trouble so he will hit

An error or a cripple you can kill.
If he gets you in trouble, hit a lob,
And make it towering to make it hard

For him to smash from overhead and easy
For you to have the time to range the backcourt,
Bouncing in rhythm like a dog or seal

Ready to catch an object in mid-air
And rocking its head—as with your plan in mind
You arrange yourself to lob it back, and win.

5. *Winning*

Call questionable balls his way, not yours;
You lose the point but have your concentration,
The grail of self-respect. Wear white. Mind losing.

solo podrá devolvértelo o hacia ti (con un cruzado)
o paralelamente a ti, pero nunca
lejos de ti, exactamente como tú sí puedes atacarle

alejándole la pelota si te lanza un paralelo.
Además, la red siempre es más baja en el centro,
la pista es más larga de esquina a esquina,

por lo que un golpe cruzado es lo más seguro,
y ese debe ser tu plan, el plan que necesitas
para ganar, aunque solo desde la línea de fondo:

desde más cerca, golpea al frente, y sigue
la pelota hasta la red; y desde la red ataca con astucia,
para crearle un problema y que golpee

equivocándose, o lance una floja que puedas rematar.
Si te mete a ti en problemas, lanza un globo,
y hazlo muy alto para que le resulte difícil

rematarlo desde arriba y a ti te dé tiempo
a recorrer fácilmente la zona de defensa,
dando brincos, llevando el ritmo, como un perro o una foca

preparados para alcanzar un objeto al vuelo
y sacudiendo la cabeza, igual que con tu plan en mente
te dispones para devolvérsela con un globo, y ganar.

5. *La victoria*

Marca las bolas dudosas a su manera, no a la tuya;
perderás el punto pero mantendrás la concentración,
el grial del amor propio. Ve de blanco. Que te importe perder.

Walk, never run, between points: it will save
Your breath, and hypnotize him, and he may think
That you are tired, until your terrible

Swift sword amazes him. By understanding
Your body, you will conquer your fatigue.
By understanding your desire to win

And all your other desires, you will conquer
Discouragement. And you will conquer distraction
By understanding the world, and all its parts.

Anda, nunca corras, entre puntos: recuperarás
aliento, y le hipnotizará, y puede que piense
que estás cansado, hasta que tu terrible

y veloz espada le sorprenda. Al comprender
tu cuerpo, conquistarás tu cansancio.
Al comprender tus deseos de victoria,

y todos tus otros deseos, conquistarás
el desánimo. Y conquistarás la distracción
al comprender el mundo y todas sus partes.

[A.C.]

From the River of News

The President and his opponent both speaking in Ohio—
Both, says the River of News, about the economy.
The Egyptian high court has liquidated their parliament.
In the Iroquois language "Ohio" means a good river.
Releases, reports. Revenue streams analyzed.

Car industry statements defend the three-crew workday,
Though the three-crew flow is hard on workers' households.
In Mozambique, agribusiness has expanded irrigation.
In Russian, the word "liquidate" is especially sinister.
In Entertainment, here are last week's highest grosses.

Tongues. Speeches and statements. Poems, reports, parleys.
An Egyptian says, this is the smoothest of military coups.
"We'd be outraged," he says, "if we weren't so exhausted."
"Economy" comes from "household" in ancient Greek.
Etymologies. Global ecologies. Exponents, logarithms.

The saying is, "Money talks." Our own high court has
Decreed that money, the great tributary, is speech itself.
In Mozambique, that massive diversion of the waters
Has done much harm to subsistence farmers, but Africa—
Africa can feed the world, says a corporate spokesman.

Desde el río de la noticias

El presidente y su opositor hablan ambos en Ohio.
Ambos, dice el Río de las Noticias, sobre la economía.
La Corte Suprema de Egipto ha eliminado el Parlamento.
En la lengua iroquesa «Ohio» significa un buen río.
Novedades, informes. Flujo de ganancias analizadas.

Declaraciones de la industria del automóvil defienden la jornada
[laboral de tres turnos,
aunque los tres turnos son perjudiciales para los hogares de los
[trabajadores.
En Mozambique la industria agropecuaria ha expandido la
[irrigación.
En ruso, la palabra «liquidar» es especialmente siniestra.
En el Mundo del Entrenimiento están las mayores ganancias en
[bruto de la semana pasada.

Lenguas, discursos y pronunciamientos. Poemas, informes,
[conferencias.
Un egipcio sostiene, este es el más sosegado de los golpes militares.
«Estaríamos furiosos», afirma, «de no estar tan exhaustos».
«Economía» deriva de «casa» en el griego antiguo.
Etimologías. Ecologías globales. Exponentes, logaritmos.

Existe el dicho «el dinero habla». Nuestra propia Corte Suprema ha
decretado que el dinero, el gran tributario, es en sí un discurso.
En Mozambique, esa desviación masiva de las aguas
ha causado mucho daño a la subsistencia de los campesinos,
[pero África,
África puede alimentar al mundo, expresa un portavoz corporativo.

[L.A.A.]

179

A Love of Death

Imagine a child from Virginia or New Hampshire
Alone on the prairie eighty years ago
Or more, one afternoon—the shaggy pelt
Of grasses, for the first time in that child's life,
Flowing for miles. Imagine the moving shadow
Of a cloud far off across that shadeless ocean,
The obliterating strangeness like a tide
That pulls or empties the bubble of the child's
Imaginary heart. No hills, no trees.

The child's heart lightens, tending like a bubble
Towards the currents of the grass and sky,
The pure potential of the clear blank spaces.

Or, imagine the child in a draw that holds a garden
Cupped from the limitless motion of the prairie,
Head resting against a pumpkin, in evening sun.
Ground-cherry bushes grow along the furrows,
The fruit red under its papery, moth-shaped sheath.
Grasshoppers tumble among the vines, as large
As dragons in the crumbs of pale dry earth.
The ground is warm to the child's check, and the wind
Is a humming sound in the grass above the draw,
Rippling the shadows of the red-green blades.
The bubble of the child's heart melts a little,
Because the quiet of that air and earth
Is like the shadow of a peaceful death—
Limitless and potential; a kind of space
Where one dissolves to become a part of something
Entire... whether of sun and air, or goodness
And knowledge, it does not matter to the child.

Amor por la muerte

Imagínate a un niño de Virginia o New Hampshire
solo en la pradera hace unos ochenta años
o más, una tarde, la piel peluda
del césped, por primera vez en la vida de ese niño,
fluyendo durante millas. Imagínate la sombra movediza
de una nube lejana a través de ese océano sin sombras,
la destructiva extrañeza como una marea
que impulsa o vacía la burbuja del corazón
imaginario del niño. Sin montañas ni árboles.

El corazón del niño se aligera, inclinándose como una burbuja
hacia las corrientes del césped y el cielo,
el potencial puro de los claros espacios vacíos.

O imagínate al niño en un barranco que tenga un jardín
desgajado del movimiento ilimitado de la pradera,
su cabeza descansando en una calabaza, con el sol del atardecer.
Malezas de cerezos crecen a lo largo de los surcos.
La fruta roja bajo su funda como de papel, en forma de polilla.
Los saltamontes dan volteretas entre las enredaderas, tan grandes
como dragones en las migas de la pálida tierra seca.
El piso está tibio según la prueba del niño, y el viento
es un sonido tarareante en el pasto sobre el barranco,
que mece las sombras de las cuchillas verde-rojas.
La burbuja del corazón del niño se derrite un poco,
porque la quietud de aquel aire y tierra
es como la sombra de una muerte pacífica,
sin límites y potencial, un tipo de espacio
donde uno se disuelve para convertirse en parte de algo
entero..., ya sea de sol o de aire, de bondad
y de conocimiento, al niño no le importa.

Dissolved among the particles of the garden
Or into the motion of the grass and air,
Imagine the child happy to be a thing.

Imagine, then, that on that same wide prairie
Some people are threshing in the terrible heat
With horses and machines, cutting bands
And shoveling amid the clatter of the threshers,
The chaff in prickly clouds and the naked sun
Burning as if it could set the chaff on fire.
Imagine that the people are Swedes or Germans,
Some of them resting pressed against the strawstacks,
Trying to get the meager shade.

                        A man,
A tramp, comes laboring across the stubble
Like a mirage against that blank horizon,
Laboring in his torn shoes toward the tall
Mirage-like images of the tilted threshers
Clattering in the heat. Because the Swedes
Or Germans have no beer, or else because
They cannot speak his language properly,
Or for some reason one cannot imagine,
The man climbs up on a thresher and cuts bands
A minute or two, then waves to one of the people,
A young girl or a child, and jumps head-first
Into the sucking mouth of the machine,
Where he is wedged and beat and cut to pieces—
While the people shout and run in the clouds of chaff,
Like lost mirages on the pelt of prairie.

Disuelto entre las partículas del jardín
o en el movimiento del césped y el aire,
imagínate al niño feliz por ser una cosa.

Imagínate, entonces, que en esa misma pradera ancha
algunas personas están trillando en el calor terrible
con caballos y máquinas, cortando franjas
y paleando con el ruido de las trilladoras
la paja en nubes espinosas y el sol desnudo
quemando como si pudiese encender la paja.
Imagínate que las personas son suecas o alemanas,
algunas de ellas descansando apresadas contra los pajonales,
tratando de obtener la sombra escasa.

                              Un hombre,
un vagabundo, viene arrastrándose a través del rastrojo
como un espejismo contra el horizonte vacío,
arrastrándose con sus zapatos rotos hacia las altas
imágenes como espejismos de las trilladoras inclinadas
traqueteando en el calor. Porque los suecos
o los alemanes no tienen cerveza, o acaso porque
no pueden hablar su lenguaje con propiedad,
o por alguna razón que uno no se puede imaginar,
el hombre trepa en una trilladora y corta franjas
por un minuto o dos, luego hace señas a una de las personas,
una muchachita o niño, y salta de cabeza
a la boca chupadora de la máquina,
donde es apretujado y golpeado y cortado en pedazos,
mientras las personas gritan y corren en las nubes de paja,
como espejismos perdidos en el pellejo de la pradera.

                                             [L.A.A.]

The Procession

At the summit of Mauna Kea, an array of antennae
Sensitive to the colors of invisible light.

The antennae sidle heavily on motors to measure
Submillimeter waves across the cold universe,

In patterns choreographed by an astronomer's hand
At a computer in Massachusetts, in real time:

A system of waves and removes and extremes
Devoted to the wavering nature of things.

Your father Adam known also as Vishnu
And Lakshmi your mother known also as Eve,

Both of them smaller than the width of a hair,
Are riding astraddle matched tortoises along a road

Nine microns wide, following another Eve
And another Adam in a long procession

Of mothers and fathers, Lakshmis and Vishnus
With you their child Cain and their child Abel.

Innumerable the names and doings, innumerable
The destinies and remote histories and tongues.

Somewhere among them your ancestor the slave,
Also your ancestors the ruler the thief the stranger.

La procesión

En la cima del Mauna Kea, una serie de antenas
sensibles a los colores de la luz invisible.

Las antenas se desplazan sobre motores para medir
las ondas submilimétricas a lo largo del frío universo,

según un patrón coreografiado por la mano de un astrónomo
en un ordenador de Massachusetts, en tiempo real:

un sistema de ondas y de alejamientos y extremos
consagrado a la naturaleza ondulante de las cosas.

Tu padre Adán también conocido como Visnú
y tu madre Laksmí también conocida como Eva,

ambos más pequeños que el grosor de un cabello,
cabalgan en unas tortugas emparejadas por una carretera

de nueve micras de ancho, siguiendo a otra Eva
y a otro Adán en una larga procesión

de madres y padres, Laksmís y Visnús,
contigo su hijo Caín y contigo su hijo Abel.

Innumerables los nombres y las acciones, innumerables
los destinos y los idiomas e historias lejanos.

En algún lugar entre ellos tu antepasado el esclavo,
también tu antepasado el soberano el extraño el ladrón.

Immense agonies of my tiny span of life:
A pause as one tortoise in the chain lifts his foot

To tread the emanation of a dead star, still alive
And afire when the procession first set out.

Everyone alive the outcome of a rape,
Everyone alive the outcome of a great love.

Ruth, Judith, Heloise and Abelard, mostly
Anonymous traveling a filament of light

To cross the Nothing between the galaxies
Into the pinhole iris of your mortal eye.

At the heart of each telescope on Mauna Kea,
An aperture finer than a hair on Vishnu's head.

On every hair on each Vishnu's head, a procession
Of tiny paired tortoises crossing a galactic distance.

In the skull of each tortoise in the long procession,
A faceted jewel attuned to a spectral channel

Where endlessly Kronos eats us his children, suffering
By nature each of us in a certain sliver of time.

Enormes tormentos de mi diminuta extensión de vida:
una pausa al levantar un pie una de las tortugas de la fila

para pisar la emanación de una estrella muerta, aún viva
y en llamas cuando la procesión se puso en marcha.

Todos los que están vivos resultado de una violación,
todos los que están vivos resultado de un gran amor.

Ruth, Judith, Eloísa y Abelardo, en su mayoría
seres anónimos, viajan por un filamento de luz

para cruzar la Nada entre una galaxia y otra
hacia el agujero del iris de tus ojos mortales.

En el corazón de cada telescopio en Mauna Kea,
un agujero más fino que un cabello en la cabeza de Visnú.

En todos los cabellos de todas las cabezas de Visnú, una procesión
de diminutas tortugas emparejadas cruza una distancia galáctica.

En el cráneo de todas las tortugas de la larga procesión,
una joya de muchas caras está ajustada a un canal espectral

en el que sin pausa Cronos nos devora, los hijos que por naturaleza
sufrimos cada uno en una particular esquirla de tiempo.

[A.C.]

The Game

No ball, no rules. Any one boy
On the cinder playground
Raises his hand and yells I Got It
And others chase him reaching
To touch him and the great
Game begins.

At first maybe four or five
Charge after him and one tags him
And yells I Got It and then more
Join the pack lunging after the new
Leader, the pursued one who
Sprints to dodge and head-fake
Nearly out of breath, writhing
Barely out of reach.

No end, no score.
Thrill of the broken field run in football, but
Pure: no boundaries, no goal.

No teams. Aristocratic martial
Rhythm of anarchy and brilliance,
The one against the many:

Sometimes the whole playground
Ran like one animal harrier
Streaming after you,
Thwarted challengers
Hounded and hounding, with grins
Like tired hounds.

El juego

Sin pelota, sin reglas. Un niño cualquiera
en el campo de juego de cenizas
levanta su mano y grita: «Yo la tengo»,
y otros lo persiguen tratando
de alcanzarlo y el gran
Juego comienza.

Al comienzo cuatro o cinco
corren tras él y uno lo agarra
y grita «yo la tengo» y luego más
se suman al grupo arremetiendo contra el nuevo
líder, el perseguido que
corre para esquivarlos y con un engaño de cabeza,
casi sin aliento, se retuerce
apenas, fuera de alcance.

Sin final, sin resultado.
La excitación de romper el campo en una carrera de fútbol, pero
pura: sin límites, sin gol.

Sin equipos. Ritmo aristocrático marcial
de anarquía y brillo,
uno contra muchos:

A veces todo el campo de juego
se movía como un animal lebrero
corriendo detrás de ti,
frustrados los contricantes
acosados y acosando, con sonrisas
como sabuesos cansados.

And after the exhilarated spell
As the fox, the defiant
Scapegoat who dares all comers,
Tagging back
Unwinded at bay unyielding,

Always finally out of breath
You laugh and let yourself
Be touched and collapse thrilled
And exhausted to crouch panting
Hands on knees as you watch the herd
Speed on after the twisting shifting
Hero sooner or later always
Depleted, unpetulant, capitulated
To the ongoing entropy of the game.

Y después del excitante encanto
como el zorro, el desafiante
chivo expiatorio que reta a todos los que llegan,
agarrándolos de nuevo
relajado acorralado sin conceder,

en todo caso finalmente sin aliento
te ríes y te dejas
tocar y te desplomas emocionado
exhausto agazapado jadeando
manos en las rodillas mientras observas al rebaño
apurarse contra el retorcido y cambiante
héroe tarde o temprano siempre
agotado, manso, rendido
a la entropía constante del juego.

[L.A.A.]

Glory

Pindar, poet of the victories, fitted names
And legends into verses for the chorus to sing:
Names recalled now only in the poems of Pindar.

O nearly unpronounceable immortals:
In the dash, Oionos was champion.
Oionos, Likmynios' son, who came from Midea.
In wrestling, Echemos won—the name
Of his home city, Tegea, proclaimed to the crowds.
Doryklos of Tiryns won the gold prize in boxing,
And the record for a four-horse team was set
By Samos from Mantinea, Halirothios's son.

But Pindar, poet of the Olympian and Isthmian
And Pythian games wrote also about the forgetful
Savannas of time. *What is someone?*
The chorus sings in a victory ode—*What is a nobody?*

Creatures of a day, they chant in answer, *Creatures
Of a day*. So where is the godgiven glory Pindar says
Settles on mortals?—Bright as gold among substances, say
The chorus, paramount as water among elements. But where?

Glory, not in the victory itself, petty or great,
Of rich young Greeks contending in games.
Glory, not in the poetry with its forgotten dances,
Pindar spinning the tiresome or stirring myths,
Genealogies, gods, chanted names of cities—

Gloria

Píndaro, el poeta de las victorias, acomodaba nombres
y leyendas en los versos para que los cantase el coro:
nombres que ahora solo se recuerdan en los poemas de Píndaro.

O casi impronunciables inmortales:
en la carrera, Eono era campeón.
Eono, hijo de Licimnio, que vino de Midea.
En lucha libre, Echemo ganó; y el nombre
de su ciudad de origen, Tegea, fue proclamado por las masas.
Doriclo de Tirinto ganó la medalla de oro en boxeo,
y el récord para el equipo de cuatro caballos fue obtenido
por Semus de Mantinea, hijo de Alirotio.

Mas Píndaro, poeta de las Olímpicas, Ístmicas
y Píticas, escribió también sobre las olvidadizas
sabanas del tiempo. *¿Qué es alguien?*
El coro canta en una oda victoriosa: *¿Qué es un nadie?*

Criaturas de un día, cantan en respuesta. *Criaturas
de un día*. Entonces, ¿dónde la gloria de los dioses que según
                                                    [Píndaro
se asienta en los mortales? Brilla cual oro entre las substancias,
                                                    [dice
el coro, tan importante como el agua entre los elementos. Pero
                                                    [¿dónde?

Gloria, no en la victoria en sí, pequeña o grande,
de los ricos jóvenes helenos compitiendo en los juegos.
Gloria, no en la poesía con sus danzas olvidadas,
Píndaro dando vuelta a los agotadores o conmovedores mitos,
genealogías, dioses, nombres cantados de ciudades...

Glory only in the mortal celebration
Contending, O syllables dusty with scholarship,
To animate the air like feet raising
A golden pollen of dust: a pervasive blur
Of seedlets in sunlight, whirling beyond mere
Victory as victory is beyond defeat,
Beyond applause.

Glory is greater than success.

The one who threw the stone furthest,
Sing the chorus in Pindar's incantation
Against envy and oblivion, was Nikeus.

And when Nikeus grunting whirled the stone
Into the air and it flew past the marks
Of all competitors, Nikeus's countrymen
Yelled his name after it, *Nikeus*
And *Nikeus*, and the syllables—so say the lines Pindar
Composed for the sweating chorus—radiated
For a spell up to the cool mirror of the moon.

Gloria solo en la celebración mortal
de la disputa, ¡oh! sílabas empolvadas con erudición,
para animar el aire como pies que levantan
un polen dorado de polvo: un borrón generalizado
de semillas en la luz solar, girando más allá de la mera
victoria como la victoria va más allá de la derrota,
más allá del aplauso.

La Gloria es más grande que el éxito.

El que tiró la piedra más lejos,
canta el coro en el conjuro de Píndaro
contra la envidia y el olvido, fue Nikeo.

Y cuando Nikeo gruñendo lanzó la piedra
al aire y esta voló pasando las marcas
de todos los competidores, los compatriotas de Nikeo
gritaron su nombre, *Nikeo*
y *Nikeo*, y las sílabas, así dicen los versos de Píndaro
compuestos para el coro sudoroso, radiaron
en un conjuro mágico hasta el espejo calmo de la luna.

[L.A.A.]

Whale

O herring-fed redheads crouched at your peatfires:
Ancestors of this English I think in, my measure.
Christianized man-killers, makers of poems—

Now, they say, words for a strange kin of fish:
Finned but no fish, and well worth attention,
The mighty Whale, called Phasti-Tokalon.

As he floats at his ease in ocean, seafarers
Mistake him for an island with dark beaches
Where they anchor their boats and climb ashore.

They encamp on the island, they light their fires,
Glad to be back on solid land, weary—then
Whale dives to the bottom, and all the men drown.

He pulls down the ships by their ropes to the bottom.
The Devil himself doles exactly like that, deceiving
All the ones who think he has given them haven.

He murders them all, yes he pulls them all down
With his helm of deception and his grappling ropes.
They think they are safe, but he hauls them to Hell.

There's another trick the great Whale plays:
When he's hungry he gapes the cave of his mouth,
And from it he issues a luscious perfume

Ballena

Oh, pelirrojos ahítos de arenques junto a vuestros fuegos de turba:
antepasados de este inglés en que pienso, mi compás.
Vosotros cristianizados asesinos, creadores de poemas,

he aquí, dicen, palabras dedicadas a una extraña familia de
[pescado;
con aletas pero no un pez, y que bien merece atención,
la poderosa Ballena, llamada Phasti-Tokalon.

Cuando flota a sus anchas en el océano, los marineros
la confunden con una isla de oscuras playas
en la que anclan sus barcos y desembarcan.

Acampan en la isla, encienden sus hogueras,
contentos de estar de nuevo en tierra firme, cansados. Luego
la ballena se sumerge hasta el fondo y los hombres se ahogan.

Tira de los cabos y arrastra a los barcos hasta el fondo.
Exactamente así son las dádivas del Diablo, que engaña
a todos los que creyeron que se les ofreció un refugio.

Los asesina a todos, sí, tira de todos ellos hasta el fondo
con su yelmo de engaños y sus cuerdas de agarre.
Piensan que están a salvo, y ella hasta el Infierno los arrastra.

Hay otra treta que la gran Ballena pone en práctica:
cuando tiene hambre deja abierta la cueva de su boca,
y emana desde ella un perfume delicioso

That fools the poor fish who swarm in to be eaten.
Like the wave-making Whale the Devil entices
Complicit souls with ambergris and comfort,

Then in his salt mouth he spirits them away
From pleasant sunlight down to the dark, where
Hell's gates close like the jaws of the Whale.

—O onetime children of Eastre and of Odin,
Priest-ridden ravagers, courageous fashioners
Of sewn pelts and syllables. Fearful the makers!

que atrae a los confusos peces, que entran y son devorados.
Como la Ballena creadora de olas, el Diablo tienta
a las almas cómplices con ámbar gris y comodidad,

después en su boca salada los hace desaparecer
de la grata luz del sol hasta la oscuridad, donde
las puertas del Infierno se cierran como las fauces de la Ballena.

Oh, vosotros, los una vez hijos de Eastre y de Odín,
saqueadores atormentados por sacerdotes, valientes diseñadores
de pellejos cosidos y de sílabas. ¡Temerosos creadores!

[A.C.]

Last Robot Song

It was a little newborn god
That made the first instrument:
Sweet vibration of
Mind, mind, mind
Enclosed in its orbit.

He scooped out a turtle's shell
And strung it with a rabbit's guts.
O what a stroke to invent
Music from an empty case
Strung with bloody filaments—

The wiry rabbitflesh
Plucked or strummed,
Pulled taut across the gutted
Resonant hull of the turtle:
Music from an empty shell
And the insides of a rabbit,
Sweet conception, sweet
Instrument of

Mind, mind, mind:
Itself a capable vibration
Thrumming from here to there
In the cloven brainflesh
Contained in its helmet of bone—
Like an electronic boxfull
Of channels and filaments
Bundled inside its case,
A little musical robot

La útima canción del autómata

Fue un pequeño dios recién nacido
el que creó el primer instrumento:
la dulce vibración de
la mente, la mente, la mente
confinada a su órbita.

Recogió un caparazón de tortuga
y lo encordó con las tripas de un conejo.
Ah, pero qué genialidad inventar
la música con solo un recipiente vacío
encordado con ensangrentados filamentos.

La hirsuta carne del conejo
punteada o rasgueada,
muy tensa a lo largo del destripado
cascarón resonante de la tortuga:
música a partir de un caparazón vacío
y las entrañas de un conejo,
el dulce pensamiento, el dulce
instrumento de

la mente, la mente, la mente:
en sí misma una eficaz vibración
que zumba de aquí a allí
en la hendida carne del cerebro
encerrado en su yelmo de hueso,
como una caja electrónica
llena de canales y filamentos
empaquetados en su caja,
un pequeño autómata musical

Dreamed up by the mind
Embedded in the brain
With its blood-warm channels
And its humming network
Of neurons, engendering

The newborn baby god—
As clever and violent
As his own instrument
Of sweet, all-consuming
Imagination, held
By its own vibration,

Mind, mind, mind pulled
Taut in its bony shell,
Dreaming up Heaven and Hell.

soñado por la mente
que incrustada en el cerebro
con sus canales de sangre caliente
y su zumbante red
de neuronas, engendra

al bebé dios recién nacido,
tan astuto y tan violento
como su propio instrumento
de dulce, absorbente
imaginación, sostenida
por su propia vibración,

la mente, la mente, la tensada mente
dentro de su caparazón de hueso,
soñando con el Cielo y el Infierno.

[A.C.]

Story

Where was the kiln, what was the clay?
What drove the wheel that turned the vessel?

Who started the engine so late at night?
Which was the highway across the hills?

Why did the animal turn on its keeper?
How did the preachers forge the bells?

I drank the shadows, I studied the shell.
I heard the rain and I took the wheel.

Cuento

¿Dónde estaba el horno, cuál era la arcilla?
¿Qué conducía el timón que giraba el barco?

¿Quién hizo marchar el motor tan tarde en la noche?
¿Cuál era la autopista a través de las colinas?

¿Por qué el animal se rebeló contra su guardián?
¿Cómo forjaron las campanas los predicadores?

Yo bebí las sombras, estudié la coraza.
Escuché la lluvia y tomé el timón.

[L.A.A.]

Rhyme

Air an instrument of the tongue,
The tongue an instrument
Of the body, the body
An instrument of spirit,
The spirit a being of the air.

A bird the medium of its song.
A song a world, a containment
Like a hotel room, ready
For us guests who inherit
Our compartment of time there.

In the Cornell box, among
Ephemera as its element,
The preserved bird—a study
In spontaneous elegy, the parrot
Art, mortal in its cornered sphere.

The room a stanza rung
In laddered filament
Clambered by all the unsteady
Chambered voices that share it,
Each reciting *I too was here*—

In a room, a rhyme, a song.
In the box, in books: each element
An instrument, the body
Still straining to parrot
The spirit, a being of air.

Rima

El aire un instrumento de la lengua,
la lengua un instrumento
del cuerpo, el cuerpo
un instrumento del espíritu,
el espíritu un ser del aire.

Un pájaro es el médium de su canto,
un canto un mundo, un contenedor
como la habitación de un hotel, lista
para nosotros los huéspedes que heredamos
nuestro compartimiento de tiempo allí.

En la caja de Cornell, en su elemento
entre cosas efímeras,
el pájaro preservado: un estudio
en elegía espontánea, el arte
de loro, mortal en su arrinconada esfera.

La habitación una estrofa ensortijada
en un escalonado filamento
al que trepan todas las desequilibradas
y enclaustradas voces que lo comparten,
cada una recitando *yo también estuve aquí...*

en una habitación, una rima, una canción.
En la caja, en libros: cada componente
un instrumento, el cuerpo
aún forzándose por repetir como loro
el espíritu, un ser del aire.

[L.A.A.]

Epílogo: *Imposible de contar*

La imagen en el dibujo animado *Los Simpson* de alguien recitando el poema «Imposible de contar» fue la primera noticia que tuve de la poesía de Robert Pinsky, hace ya demasiados años. Se trataba solamente de los siete primeros versos del extenso poema y sin embargo ya algo poderoso vibraba en aquel *gasoline rainbow in the gutter*. Por aquel entonces, mis lecturas poéticas se reducían a un puñado de títulos, y los versos que recitaba el amarillento *alter ego* del poeta probablemente decidieron alojarse en mi mente como una más de las múltiples frases que, debido a las incesantes repeticiones de capítulos en la televisión española, acabaron formando parte del repertorio simpsoniano personal. Algo tenían, no obstante, aquellos versos... El paso de los años y la sucesión de una serie dilatada de azares unirá a ese muchacho que mira absorto la televisión (ese *terrarium of dreams and wonders*) con el que ahora ha firmado este epílogo y realizó once de las traducciones de este volumen. Será precisamente mi traducción de «Imposible de contar», aparecida a finales de 2012 en una revista española (*Cuadernos Hispanoamericanos*), lo que me puso en contacto con el propio Robert Pinsky, quien a su vez, muy amablemente, me proporcionó el contacto de Luis Alberto Ambroggio. Ambroggio fue el que me propuso colaborar en el volumen de *Ginza Samba. Poemas escogidos* que el lector tiene en sus manos.

Valga el relato de mi llegada a estas traducciones no como explicación biográfica, sino como ejemplo de la forma en que

Epilogue: *Impossible to Tell*

The image of an animated cartoon character reciting the poem «Impossible to Tell» on *The Simpsons* was my first introduction to the poetry of Robert Pinsky, too many years ago. The show featured only the first seven verses of a long poem, but nevertheless something powerful resonated in that *gasoline rainbow in the gutter*. Although to tell the truth, at that time my knowledge of poetry was limited to a handful of titles, and those verses the poet's yellowish *alter ego* recited probably lodged themselves in my mind as just another phrase among many forming my personal Simpsonian repertoire, thanks to the constant re-airing of the episode on Spanish television. However, there was something about those verses... The passage of time and a series of chance events would link that boy, absorbed in television (that *terrarium of dreams and wonders*) to the grown man signing this epilogue and eleven of the translations in this collection: it was actually my translation of *Impossible to Tell*, which appeared in a Spanish journal (*Cuadernos Hispanoamericanos*) at the end of 2012, that put me in contact with Robert himself, who, in turn, graciously connected me with Luis Alberto Ambroggio, who proposed our collaboration on the volume *Ginza Samba. Selected Poems* that the reader now holds.

It is relevant to mention my journey in arriving at these translations, not to provide a personal biographical anecdote, which is of no particular interest, but rather to provide an example of

operan (y por qué) los poemas de Pinsky: la dispersión que es principio rector del desarrollo de sus poemas, en forma y tema, tiene que ver con el deseo de atender a las cadenas de eventos y circunstancias que inciden en cualquier hecho humano; estamos ante el compromiso de su poesía con la verdad. No es tanto el afán estilístico o la tendencia a la oscuridad intertextual y culturalista como la certidumbre de que la realidad incoherente, caprichosa, discontinua debe ser representada en el poema con esas mismas características: con todos sus contrastes, con todas sus disonancias en las que tienen cabida tanto el *jazz*, por ejemplo, como la televisión, la política, las más mínimas historias personales y los mitos más universales. En los poemas de Pinsky, como en los buenos poemas, todo es poesía menos la poesía, y la atención del autor se centra en los aspectos de lo humano, en los fragmentos del todo (si es que existe ese todo), con su incoherencia, con su fuerza. En el poema no solo cabe todo, como sostenía Robert Lowell, sino que cualquier elemento de ese universal tiene el mismo peso y la misma dignidad. Pinsky es capaz de compaginar, mediante las más insólitas transiciones (pero sorprendentemente eficaces), a Apolo con el nazismo, a la Muerte con los chistes, a Alcibíades con un dibujo pornográfico, a Stalin con Eurídice. Los poemas de Pinsky sorprenderán precisamente por su capacidad de ser artefactos cerrados a pesar de esta multiplicidad dispar, por alcanzar en su aparente caos una fórmula coherente de sentido.

Será esa carga de sentido lo que provoca que la traducción de sus poemas exija una serie de elecciones y de traiciones por parte del traductor, que debe optar entre la música (que no es poca: Pinsky juega con la sonoridad de las palabras y los versos como el músico de *jazz* consumado que es) y el mensaje hilado en sus poemas, eminentemente discursivos. He optado por conservar en los textos no tanto el sentido de la música (por expresarlo en términos frostianos) como la música del sentido. Si Luis Alberto Ambroggio equiparaba en el prólogo la traducción con la cópula,

how—and why—Pinsky's poems function as they do: it is dispersion that acts as a governing principle in the formal and thematic development of his poems, owing to a desire to attend to the chain of events and circumstances that obtain in any human experience: his poetry's commitment to reality. It is not so much a stylistic project, nor a tendency towards cultural or inter-textual obscurities, but rather a driving conviction that incoherent, capricious, and non-linear reality should be faithfully represented in a poem, leaving intact all of the contrasts and dissonances that equally befit jazz, television, politics, the most encompassing universal myths and the smallest personal histories. In Pinsky's poems, as in all good poetry, all is poetry except for poetry, and the poet focuses his attention on everything that is human, on every fragment of that everything—if an everything exists—with all of its incoherence and force. It is not only that everything can fit within the framework of the poem, as Robert Lowell maintained, but that any given element of that everything—sustains its weight and dignity. Pinsky is capable of conflating—in the most unusual but surprisingly effective ways—Apollo and Nazism, Death with jokes, Alcibiades and a pornographic photograph, Stalin and Eurydice. Pinsky's poems are surprising precisely in the way they act as coherent artifacts despite their disparate multiplicity—achieving, amidst apparent chaos, a cogent emotional form.

It is precisely that emotional charge that accounts for the way his poems prompt a series of treasonous alternatives on the part of the translator, who must choose between the music of the poem—of which there is no lack, since Pinsky plays constantly with the sonorous qualities of words and verses, consummate jazz fan that he is—and the eminently discursive message crafted in those poems. I've opted, on my part, to conserve within the texts not so much the sense of sound—to express it in Frostian terms—but the sound of sense. If Ambroggio compared translation, by means of Jeanette L. Clariond, to lovemaking in his introduction, my rec-

siguiendo a Jeannette L. Clariond, mi reivindicación reside en la suma de la copulación y la traición, entidades no dispares sino complementarias. Como Francisco Pino, pienso que la traducción es «deleite, es gozo, bien sí que deleite y gozo adúltero. Se comete adulterio a tres bandas: con el poema, con el autor y con el tiempo empleado. [...] Siempre todo adulterio supone un contacto más íntimo que cualquier otra aproximación legal o matrimonial». Espero haber logrado una aproximación suficientemente fértil y que algo del flechazo que fue escuchar por primera vez los versos de Pinsky (motivación primera de estas traducciones) haya logrado sobrevivir y habitar en la dosis inevitable de adaptación que exige verter un texto a otra lengua.

No quiero acabar sin mostrar mi agradecimiento tanto a Robert Pinsky como a Luis Alberto Ambroggio, con quien adquiero una deuda impagable por su amabilidad y confianza al haberme invitado a participar en esta aventura a «tres bandas», a compartir el extenso renga que constituye el diálogo (triálogo) de estas traducciones, con una lealtad mutua imposible de contar.

ANDRÉS CATALÁN, Londres, abril de 2013

lamation resides in the sum of lovemaking and treason, in creating complements rather than disparities. I think along the lines of Francisco Pino, who would say that translation is «delight, indulgence, and should be an adulterous indulgence or delight. You commit adultery on three levels: with the poem, with the author and with the time frame employed... Adultery always presumes a more intimate contact than a legal or marital approximation». I hope to have accomplished a sufficiently fertile approximation; something of the impact of hearing Pinsky's verses for the first time, as the primary and ultimate purpose of these translations, having managed to both survive and thrive in the adaptive turn required of the translation of text into a new language.

I couldn't possibly end without expressing my gratitude to Robert Pinsky and Luis Alberto Ambroggio, to whom I am indebted for their generosity and trust in inviting me to take part in this three-tiered venture, in the shared renga that constituted our dialogue («tri-alogue») over the translation process, and in our mutual fidelity, all of which is now equally impossible to tell.

ANDRÉS CATALÁN, London, April, 2013

Sobre el autor: Robert Pinsky

Robert Pinsky. Nació y creció en la ciudad turística de Long Branch, New Jersey. Cursó su carrera universitaria en Rutgers (la Universidad estatal de New Jersey) y sus estudios de posgrado en la Universidad de Stanford, con una beca de investigación Stegner. Sus *Selected Poems* (Farrar, Straus & Giroux) fueron publicados en 2011. Entre sus publicaciones anteriores se encuentran: *Gulf Music: Poems* (2008), *Jersey Rain* (2000), *The Want Bone* (1990) y *The Figured Wheel: New and Collected Poems 1966-1996*. Su traducción de gran éxito editorial del *Inferno* de Dante Alighieri (1994) fue elegida como el libro del mes del Club de Editores, y recibió el Premio del Libro del *Los Angeles Times* y el premio de traducción Harold Morton Landon. Entre los libros de prosa de Pinsky figuran: *The Life of David* (2006), *The Sounds of Poetry* (1998) y *The Situation of Poetry* (1976). Su adaptación libre de la trilogía de Schiller, *Wallenstein*, fue puesta en escena en 2013 por el teatro Shakespeare de Washington, D.C. Su nueva antología *Singing School: Learning to Write (and Read). Poetry by Studying with the Masters* se publicó en 2013 por la editorial Norton, que también publicó sus *Essential Pleasures: A New Anthology of Poems to Read Aloud* (2009, con el acompañamiento de un CD). El CD *PoemJazz*, con el pianista Laurence Hobgood, ganador del Grammy, fue lanzado por Circumstantial Productions. Robert Pinsky también ha puesto en escena sus poemas con Ben Allison, Bobby Bradford, Vijay Iyer, Mike Mainieri, Stan Strickland y

About the Author: Robert Pinsky

Robert Pinsky. He was born and raised in the historic resort town of Long Branch, New Jersey. He went on to college at Rutgers, the State University of New Jersey, and then to graduate work at Stanford, where he held a Stegner Fellowship. His *Selected Poems* (Farrar, Straus & Giroux) was published in 2011. His previous books of poetry include *Gulf Music: Poems* (2008), *Jersey Rain* (2000) *The Want Bone* (1990) and *The Figured Wheel: New and Collected Poems 1966-1996*. His best-selling translation the *Inferno* of Dante Alighieri (1994) was a Book-of-the-Month-Club Editor's Choice, and received both the *Los Angeles Times Book Prize* and the Harold Morton Landon Translation Award. Robert Pinsky's prose books include *The Life of David* (2006), *The Sounds of Poetry* (1998) and *The Situation of Poetry* (1976). His free adaptation of Schiller's *Wallenstein* trilogy was produced in 2013 by the Shakespeare Theatre of Washington, D.C. His new anthology, *Singing School: Learning to Write (and Read) Poetry by Studying with the Masters* was published in 2013 by Norton, which also published his *Essential Pleasures: A New Anthology of Poems to Read Aloud* (Norton, 2009, with accompanying CD). The CD *PoemJazz*, with Grammy-winning pianist Laurence Hobgood, is released by Circumstantial Productions. Robert Pinsky has also performed reading poems with Ben Allison, Bobby Bradford, Vijay Iyer, Mike Mainieri, Stan Strickland and other jazz musicians. Among his awards and honors are the William

otros músicos. Entre los premios y reconocimientos de Pinsky se cuentan el William Carlos Williams, el premio Harold Washington Award de la ciudad de Chicago, el premio Capri de Italia, el reconocimiento PEN-Volcker y el premio coreano Manhae Prize. Recientemente ha recibido el Lifetime Achievement Award del Centro Americano del PEN.

Robert Pinsky fue elegido por tres veces consecutivas como Poeta Laureado de Estados Unidos (1997-2000), algo sin precedentes en la historia de este cargo. En este tiempo fundó el Proyecto del Poema Favorito (proyecto que incluye vídeos que pueden ser vistos en www.favoritepoem.org).

Carlos Williams Prize, the Harold Washington Award from the City of Chicago, the Italian *Premio Capri*, the PEN-Volcker Award and the Korean Manhae Prize. He recently received a Lifetime Achievement Award from the PEN American Center.

Robert Pinsky founded the Favorite Poem Project (including the videos that can be seen at www.favoritepoem.org) while serving an unprecedented three terms as United States Poet Laureate.

Sobre el traductor: Luis Alberto Ambroggio

Luis Alberto Ambroggio. Poeta hispanoamericano de renombre internacional, nacido en Córdoba, Argentina, y que reside desde 1967 en el área de Washington, D.C. Es autor de diecisiete libros de poesía publicados en Argentina, Costa Rica, España, y los Estados Unidos, y tiene el honor de ser miembro de la Academia Norteamericana de la Lengua Española, miembro correspondiente de la Real Academia Española y del Centro Americano PEN. Su obra ha sido traducida a varios idiomas e incorporada por la Biblioteca del Congreso en sus archivos de lengua hispana. *Poemas de amor y vida* (1987); *Hombre del aire* (1992); *Oda ensimismada* (1994); *Poemas desterrados* (1995); *Por si amanece: Cantos de Guerra* (1997) y *Los habitantes del poeta* (1997) son algunos de los títulos de su vastísima producción. En 2004, recibió el Spanish TV Award por sus composiciones cuyo tema principal es la soledad. Entre sus últimos libros figuran *El testigo se desnuda* (Puerta de Alcalá, Madrid, 2002), que fue elogiado por publicaciones en Europa, Estados Unidos y Latinoamérica; *Laberintos de humo* (Editorial Tierra Firme, Buenos Aires, 2005); *Los tres esposos de la noche* (2005); *La desnudez del asombro* (2009); *Homenaje al camino* (2012); *El arte de escribir poemas* (2009). También en 2009, la editorial Cross Cultural Communications publicó *Difficult Beauty: Selected poems 1987-2006,* antología bilingüe con introducción de Oscar Hijuelos (Premio Pulitzer). En 2011 apareció la versión bilingüe de *La arqueología del viento / The Wind's Archaeology* (Best

About the Translator: Luis Alberto Ambroggio

Luis Alberto Ambroggio. He is an internationally known Hispanic-American poet born in Córdoba, Argentina, who has resided in the Washington, D.C. area since 1967. He is the author of seventeen collections of poetry published in Argentina, Costa Rica, Spain, and the United States, and holds the honor of having been appointed a member of the North American Academy of the Spanish Language and of PEN. His work has been translated into several languages and has been included in the Archives of Hispanic Literature of the Library of Congress. Among his numerous books are *Poemas de amor y vida / Poems about Love and Life* (1987); *Hombre del aire / Man of the Air* (1992); *Oda ensimismada / Pensive Ode* (1994); *Poemas desterrados / Banished Poems* (1995); *Por si amanece: Cantos de Guerra / In Case it Dawns: Songs of War* (1997) and *Los habitantes del poeta / The Poet's Inhabitants* (1997). In 2004, he won the Spanish TV Award for his poems on solitude. Among Ambroggio's most recent books are *El testigo se desnuda / The Witness Undresses* (Puerta de Alcalá, Madrid, 2002) which received great praise in Europe and the United States as well as in Latin America; *Laberintos de Humo / Laberinths of Smoke* (Tierra Firme, Buenos Aires, 2005); *Los tres esposos de la noche / The Night's Three Husbands* (2005); *La desnudez del asombro / The Nudity of Wonder* (2009), *Homenaje al camino / Tribute to the road* (2012); and *El arte de escribir poemas / The Art of Writing Poetry* (2009). Also in 2009, the press Cross Cultural Communications published

Book Award en International Latino Book Awards 2013). Además, Ambroggio ha sido antologador de *Al pie de la Casa Blanca. Poetas hispanos de Washington, D. C.* (2010) y *De azul a rojo. Voces de poetas nicaragüenses del siglo XXI* (2011). Por último, cabe destacar el volumen de crítica de Mayra Zeleny, *El cuerpo y la letra: Poética de Luis Alberto Ambroggio* (2008), editado por la Academia Norteamericana de la Lengua Española y la compilación de la doctora Rosa Tezanos-Pinto, *El exilio y la palabra. La trashumancia de un escritor argentino-estadounidense* (Vinciguerra y el Centro de Estudios Latinos de la Universidad de Indiana, 2012). Ambroggio ha traducido poemas de D. H. Lawrence, William Carlos Williams y Dylan Thomas, entre otros.

Una belleza difícil: Poemas selectos 1987-2006 / Difficult Beauty: Selected Poems 1987-2006, a bilingual edition with an introduction by Pulitzer Prize winner Oscar Hijuelos. *La arqueología del viento / The Wind's Archaeologhy* appears in 2011 (Best Book Award in 2013 International Latino Book Awards). Ambroggio has also edited two anthologies—*Al pie de la Casa Blanca: Poetas Hispanos de Washington, D. C. / At The Foot of the White House: Hispanic Poets in Wahsington, D. C.* (2010) and *De azul a rojo: Voces de poetas nicaragüenses del siglo XXI / From Blue to Red: Voices of Nicaraguan Poets from the 21st Century* (2011). Finally, it is important to note Mayra Zeleny's critical look at the author's body of work in her book *El cuerpo y la letra: Poética de Luis Alberto Ambroggio / Body and Word: The Luis Alberto Ambroggio's Poetry* (2008), published by the Academia Norteamericana de la Lengua Española (North American Academy of the Spanish Language) and Rosa Tezanos-Pinto *El exilio y la palabra. Trashumancia de un escritor argentino-estadounidense / The exile and the word. Migration of an Argentinean-american writer* published by Vinciguerra and the Latino Studies Center of Indiana University, 2012. Ambroggio has translated poems by D.H. Lawrence, William Carlos Williams, Dylan Thomas, among others.

Sobre el traductor: Andrés Catalán

Andrés Catalán. Nació en Salamanca, España, en 1983. Es autor de los libros de poesía *Composiciones de lugar* (Universidad Popular José Hierro, 2010; VI Premio Félix Grande de poesía joven), *Mantener la cadena de frío* (Pre-textos, 2012; IV Premio de poesía joven RNE), este último escrito en coautoría con Ben Clark, y *Ahora solo bebo té* (Pre-textos, 2014; XIV Premio de Poesía Emilio Prados). Ha traducido también a Robert Hass, Stephen Dunn y James Merrill.

About the Translator: Andrés Catalán

Andrés Catalán. He was born in Salamanca, Spain, in 1983. He is the author of two books of poetry in Spanish, *Composiciones de lugar* (Universidad Popular José Hierro, 2010; VI Premio poesía joven), *Mantener la cadena de frío* (Pre-textos, 2012; VI Premio de poesía joven RNE), the last one written in co-authorship with Ben Clark, and *Ahora solo bebo té* (Pre-textos, 2014; XIV Premio de Poesía Emilio Prados). He has also translated books of Robert Hass, Stephen Dunn and James Merrill.

Índice